Noces de sable

Didier van Cauwelaert

Noces de sable

THÉÂTRE

Albin Michel

© Éditions Albin Michel S.A., 1995
22, rue Huyghens, 75014 Paris

ISBN 2-226-07756-1

PERSONNAGES

SYLVIE . . . .   romancière
BRUNO   . . . .   jardinier

Noces de sable

de Didier van Cauwelaert,
créé le 24 février 1995
au Studio des Champs-Élysées

Mise en scène : Michel Fagadau. *Assistant :* Franck Seigneuric.
Décors : Claude Plet. *Costumes :* Catherine Gorne-Achdjian.
Lumière : Laurent Béal. *Musique :* Étienne Chicot et André
Hervé. *Illustration sonore :* Bernard Guillaumat.

Distribution : Catherine Rich *(Sylvie)*, Étienne Chicot *(Bruno)*.

Coproduction : Atlantia-La Baule
Côté Cour Productions.
Avec le soutien de la fondation Beaumarchais

La lumière isole Sylvie, côté cour. Elle est assise devant une table pliante, style anglais, vieille et massive, sur laquelle tourne en silence un petit magnéto. Elle tient un cocktail de barbituriques. Très jolie couleur.

SYLVIE. C'est beau, ce bleu. *(Un long temps. Elle fixe le verre.)* Allons-y. *(Elle fait un signe de croix, porte le verre à ses lèvres. Elle hésite. Elle le repose.)* On a beau croire qu'il y a une vie après la mort... On sait ce qu'on perd... *(Elle arrête son magnéto.)* Et vas-y les banalités... *(Elle rembobine la cassette.)* J'ai toujours été nulle à l'oral. Mais là, je peux pas laisser une lettre...

Le son de la cassette qui se rembobine devient plus fort. Puis la cassette s'arrête. Sylvie enclenche la lecture.

VOIX DE SYLVIE *(sur la cassette).* Message pour Maître Pascal Forges, 51, boulevard des Batignolles, Paris 17e : « Salaud. »

Un temps de silence sur la cassette.

SYLVIE. C'est bref.

VOIX DE SYLVIE. Message pour Mme Francine Le Morguen, archipel des Philippines, océan Pacifique : « Maman. Je viens de retirer la petite chaîne que tu m'as offerte pour ma communion, lors de notre dernière rencontre. Je parle au présent pour ménager la transition, parce qu'en fait je suis morte. Tu n'as pas à t'inquiéter. Il fallait t'inquiéter avant. J'espère qu'il fait beau et que tes recherches sur la vie des algues avancent. »

Un silence sur la cassette.

SYLVIE. C'est moins bref.

Elle reprend son verre, le regarde avec une mélancolie qui s'achève en sourire de réconciliation.

VOIX DE SYLVIE. Message pour M. Richard Valmont-Bernac, éditions Gallimard : « Riri, je ne viendrai pas dîner samedi. Je sais tout le mal que tu t'es donné pour me prendre une option sur le prix Fémina de l'année prochaine, alors que tu n'as toujours pas reçu mon nouveau manuscrit. Le problème est qu'il n'y a pas de manuscrit. Je t'ai menti. Depuis un an, je uis totalement incapable d'écrire. Je resterai donc un auteur prometteur. Je te demande pardon. J'espère que mon suicide relancera mes ventes. »

Un silence sur la cassette.

SYLVIE. C'est le seul qui aura du chagrin. A moins que Bordeaux ne se qualifie à Marseille. J'aurai gagné mon pari et ça le fera sourire.

VOIX DE SYLVIE. Message pour M. le contrôleur Chaigneau, direction générale des impôts de Paris 6 : « Monsieur, j'ai l'honneur de vous informer que la vérification approfondie de ma situation fiscale... est close. »

Elle arrête le magnéto.

SYLVIE. Faut bien qu'on ait une compensation. Bien. *(Elle reprend le verre, se porte un toast.)*

11

A ta santé, Sylvie. A tes amours. *(Elle porte le verre à ses lèvres, regarde le téléphone posé près d'elle.)* Je mets le répondeur, ou pas? *(Le téléphone sonne.)* J'aurais dû. C'est Béatrice. *(Elle repose son verre.)* Elle pense que je suis dans mon bain, elle va laisser sonner une heure, pour ne pas que je me presse. *(Avec un soupir, elle décroche. Voix pleine d'entrain.)* Allô! Oui, Béa! Ça va très bien! Non, je peux pas te parler, là, j'ai un rendez-vous. Non, pas avec Pascal. Enfin... si, dans un sens. *(Son entrain est complètement retombé.)* Mais si, ça va... Page trois cent. Oui. Y en aura trois cent vingt... trois cent dix... Bien sûr : tu as toujours été ma première lectrice, non? Je t'ai jamais rien caché. *(Avec un dernier effort de gaieté.)* Non, non, je te rappelle. Ne t'inquiète pas, et bon squash! Bye!

Elle raccroche. Elle fixe le téléphone. Au bout d'un moment, elle se met à lui parler, sans décrocher, comme à une amie.

SYLVIE. Pascal m'a quittée depuis un an, et je n'ai pas écrit une ligne de mon livre. *(Elle marque un temps, comme si elle écoutait.)* Bien sûr, c'était Pascal, mon sujet. Comme d'habitude. Je ne peux pas écrire autre chose... Ça ne voudrait rien dire. Et il a cassé le fil. *(Elle rit malgré elle, en entendant ce que ne manquerait pas de lui répondre Béatrice. Attendrie.)* Tu es bête... Tu crois que ça se passe comme ça ? Toc ! je tombe amoureuse d'un autre, et hop ! chapitre un : je commence un autre livre. Tu veux peut-être que je mette une petite annonce ? « Romancière en panne cherche muse, quarante ans, sexe mâle, anxieux, menteur, égoïste et drôle... drôle... » *(Sa voix s'est cassée sur « drôle ». Elle se reprend, regarde son verre. Elle se met à lui parler.)* Oui, j'ai tout eu. Le succès, le talent et l'amour. Et alors ?

> *Elle empoigne le verre, se retient de boire au dernier instant. Elle prend une pièce de monnaie sur la table.*

SYLVIE. Pile : je bois. Face : j'écoute Béatrice. *(Elle lance la pièce, la rattrape, la regarde. Elle a une moue contrariée.)* Faudra que j'arrête de parier, moi, un jour.

> *NOIR sur elle.*
> *LUMIÈRE sur Bruno, côté jardin, dans une cabine téléphonique suggérée.*

BRUNO *(au téléphone).* Mais enfin, Christine, essaie de comprendre, aussi !... Attends, je rajoute une pièce. Non, j'ai pas de télécarte! Et j'ai mis une heure à trouver une cabine à pièces qui fonctionne sans qu'y ait vingt mètres de connards qui attendent derrière! Ça y est, voilà! Tu disais...? Non, *toi*, laisse-moi parler : j'ai plus que trois francs. Écoute, j'avais gardé tout le mois de mai pour partir avec toi. J'avais répondu à aucune annonce, je m'étais dit que je trouverais du boulot sur la Côte... Hein? Mais j'y crois pas, moi, à tous ces trucs : Wall Street, la Bourse de Tokyo...! C'est des conneries. Il te raconte des salades pour t'enfermer dans son bureau! Tu es sa secrétaire, tu es pas son esclave! Mais non, attends : j'ai encore deux francs! Je t'aime, Christine! Mais je te préviens : j'vais venir, moi, dans vot' Cap-d'Antibes, sans prévenir, j'escaladerai la grille... Les chiens? Eh ben tant mieux, j'adore les chiens. Je te signale que tu en as un à la maison, et qu'il est complètement dépressif depuis que tu es partie. Il ne mange plus, il ne dort plus, il ne travaille plus, il n'ouvre même plus le courrier!... Attends, Christine! Si tu reviens pas avant le 1er juin, tu entends? tout est fini entre nous. Je divorce, moi! Hein? *(Petite voix.)* Ah. *(Décomposé.)* Non, non, ça va. Ne t'inquiète pas. Non, je vais remonter à la maison... Je vais chercher du boulot, oui, c'est ça. Et puis je vais conduire le p'tit au chenil, et puis je vais rentrer prendre un bain, et je vais me raser dans l'eau... avec le rasoir électrique. Non, tu vois... le gaz, j'aime moins. C'est trop lent, et puis ça peut faire sauter l'immeuble. Voilà. Eh bien, je te souhaite un beau soleil. Amusez-vous bien. Ton chien t'embrasse. *(Il raccroche. L'appareil lui rend la dernière pièce.)* Ah bon? J'avais encore un franc. *(Il décroche, va pour remettre la pièce, se ravise.)* Oui... Enfin... Je lui ai dit l'essentiel.

Il raccroche, appuie sa tête contre le montant de la cabine, désespéré, résigné.
NOIR sur Bruno.

LUMIÈRE sur Sylvie. Elle est assise à un gué-ridon de bar, devant un café et un journal plié. Elle attend, elle regarde l'heure.

SYLVIE. Bon. Encore cinq minutes et stop. *(Elle regarde son cahier de notes.)* Un vieux, un transsexuel, un couple et trois débiles. Mmmoui... Mettons deux et demi. L'Ivoirien, il était intéressant. Mais d'une tristesse... Tant pis. Essayons. *(Elle allume une cigarette.)* Ça me permettra d'aborder le racisme. On me l'a assez reproché, de ne parler que d'amour. Connards. Tout ce qu'ils sont capables de dire, à chaque fois, c'est que je me répète. Comme si la vie ne se répétait pas !

Bruno est entré, cherche autour de lui, l'air lugubre, s'approche de Sylvie, retourne le journal posé devant elle, pour voir le titre.

BRUNO. C'est pas *Libé*.

SYLVIE. Non, mais je suis seule, dans le café.

BRUNO. Oui, mais c'est pas une raison. Quand on dit : « J'aurai *Libé* sur la table », on n'a pas *Le Figaro*. Supposez qu'y ait eu cent personnes.

SYLVIE. Il n'y avait plus de *Libé*, au kiosque.

BRUNO. On prévoit. C'est la première fois que vous mettez une annonce ?

SYLVIE. Oui.

BRUNO. Ça se voit. Bonjour.

Il lui serre la main, tout en s'asseyant près d'elle.

SYLVIE. Vous êtes en retard.

BRUNO *(très tendu)*. On parle d'autre chose, hein, s'il vous plaît, vous serez gentille.

SYLVIE *(amusée par le personnage)*. C'est la première fois que vous répondez à une annonce ?

BRUNO. Non.

SYLVIE. Et... en général, ça marche ?

BRUNO. Non.

SYLVIE *(souriant)*. Mais vous êtes obstiné.

BRUNO. Je suis en deuil, surtout. Je vois pas pourquoi je suis venu. J'en ai rien à foutre. Pourquoi je reprendrais un travail ? Pour qui ? Hein ? Pouvez me dire ? Non ! Pouvez rien me dire ! *(Il se lève, passant sans transition de l'agressivité à la courtoisie.)* Excusez-moi. Je vous dois combien ?

SYLVIE *(très intéressée par le personnage)*. Combien... combien pour quoi ?

BRUNO *(montrant le café qu'elle a bu)*. Pour vot' consommation.

SYLVIE. Elle est payée.

BRUNO. Excusez-moi pour le dérangement. C'est la première fois que je perds quelqu'un. On n'imagine pas.

Il s'en va.

SYLVIE *(pour le retenir)*. C'était un parent... ? Une femme ?

BRUNO *(se retournant).* C'était mon chien. Je rentre chez moi hier matin, j'avais laissé l'eau du bain pour m'électrocuter, parce qu'on n'a plus le téléphone, je remonte de la cabine et il s'était noyé. Dans l'eau que j'avais préparée pour moi.

SYLVIE. C'était quelle race?

BRUNO. Il était en dépression depuis le départ de Christine. Ou alors il a voulu me sauver la vie. En prenant le bain pour lui. On ne sait jamais, vous savez, les animaux... avec l'instinct...

SYLVIE. C'était votre premier...?

Elle laisse sa phrase en suspens. Il la regarde.

BRUNO *(achevant pour elle).* Chien?

SYLVIE. Suicide.

BRUNO. Non, c'est de naissance. Mais enfin, depuis mon mariage, ça s'est intensifié. Bâtard.

SYLVIE. Pardon?

BRUNO *(répondant à contretemps).* C'était un bâtard, évidemment. C'est les meilleurs, comme dans la vie. Un croisement de boxer et de lévrier afghan. Le genre Tina Turner. Et toujours à faire des blagues. *(Souriant.)* Je pouvais planter quatre cents bégonias : il les déterrait tous. La tronche du client. Je lui comptais deux fois la main-d'œuvre. *(Son sourire retombe.)* Pauvre bête. Il faisait peur à tout le monde. *(Cherchant une photo dans ses poches.)* Et vous l'auriez vu... Il était si mignon, à trois mois, quand je l'ai offert à Christine. C'était notre cadeau de mariage. On l'appelait « le p'tit ». Et plus il a grandi, plus il est devenu moche. A la fin, elle a craqué. Je l'aimais tellement. Il m'apportait mon croissant, le matin.

SYLVIE. Et vous êtes jardinier de métier... ou bien... ?

BRUNO. Il était immangeable, après, mais... Ça lui faisait tellement plaisir. Et puis finalement, j'aimais pas vraiment les croissants. Je retrouve plus la photo.

Il arrête de fouiller dans ses poches, se rassied en soupirant, fataliste.

SYLVIE. Dans l'annonce, j'ai mis « gardien ou homme de ménage », mais en fait... C'est surtout un jardinier dont j'aurais besoin. La maison est à Clerville, en Normandie.

BRUNO. Je viens de le faire incinérer. Je l'ai emmené en banlieue, un truc qui s'appelle Créma-Dog. Très bien. Un type très gentil. Si un jour vous avez...

SYLVIE. Non. Moi je supporterais pas qu'on m'incinère. Je veux avoir le temps.

BRUNO *(la regardant, surpris)*. Le temps de quoi ?

SYLVIE. Le temps.

BRUNO. C'est au poids. Vous vous rendez compte ?

SYLVIE *(distraite)*. Hmmm ?

BRUNO. Chez Créma-Dog. On est peu de chose, hein ? Treize ans d'amour : quarante francs le kilo. Le p'tit, on aurait dit qu'il avait fait exprès de maigrir, les derniers temps, pour coûter moins cher... Une caisse, un tapis roulant, une porte qui se ferme, et flaf ! Tout seul.

SYLVIE. Votre femme est partie ?

BRUNO. Non, elle travaille. Secrétaire particulière d'une espèce d'escroc, qui achète des entreprises. Il les coule, et puis il les revend, avec des bénéfices. Je sais pas comment il fait. Il doit avoir un truc. Villa d'un milliard au Cap-d'Antibes. C'est pas grave.

SYLVIE. Donc, vous êtes... en gros, vous êtes libre ?

BRUNO *(la regardant dans les yeux)*. Elle aime trois choses dans la vie : les escargots, la quiche lorraine et les coquilles Saint-Jacques. Le premier soir où elle est pas rentrée, j'avais fait les trois. J'ai tout mangé pour deux, et j'ai gardé les coquilles. Non... je ne suis pas libre.

SYLVIE. C'est juste pour un mois.

BRUNO. Pour ?

SYLVIE. Un mois. Le travail. La place...

BRUNO *(la dévisageant attentivement)*. Vous avez besoin d'un jardinier ?

SYLVIE. Oui.

BRUNO. Vous êtes bien la seule. Remarquez, je la comprends : elle a des diplômes. Je suis pas à son niveau. J'ai fait illusion au début, parce que c'était le printemps. Mais un jardinier, en hiver... Et puis après, tous les printemps se ressemblent. Surtout qu'on n'a même pas de balcon.

SYLVIE. Vous voulez vous occuper de mon jardin jusqu'au 31 mai?

BRUNO. Et après, il devient quoi? Vous croyez qu'en juin, l'herbe, elle arrête de pousser?

SYLVIE. C'est un remplacement. Monsieur...?

BRUNO. Remarquez, j'ai rien à faire. Humainement, je peux pas me suicider après mon chien. Pas tout de suite. Bornsen. Bruno Bornsen.

SYLVIE. C'est suédois?

BRUNO. Je sais pas. Je m'en fous.

SYLVIE. Vous pouvez partir demain?

BRUNO. Même tout de suite. Le temps de passer à l'ANPE.

SYLVIE. Ça fait longtemps que vous êtes au chômage?

BRUNO. Depuis l'automne. D'habitude ça reprend en mars. Là non. Ça n'a pas repris.

Les gens n'ont plus les moyens. Ils tondent eux-mêmes. On voit le résultat.

SYLVIE *(se levant)*. Rendez-vous ici à dix-sept heures. Ça marche?

BRUNO. Vous avez des animaux?

SYLVIE. Non.

BRUNO. Bon. Parce qu'il vaut mieux que j'essaie d'oublier. Si j'y arrive... Des enfants?

SYLVIE. Non.

BRUNO. C'est bien. Vous êtes mariée?

SYLVIE *(mentant)*. Oui.

BRUNO. C'est mieux. Vous êtes heureuse?

SYLVIE. Très.

BRUNO. Parce que ma première réaction, en vous voyant, ç'a été de fuir.

SYLVIE. C'est normal.

BRUNO. Non, vous êtes trop... Pas autant que ma femme, mais... presque. Alors si en plus vous étiez seule... J'veux dire...

Il laisse en suspens.

SYLVIE. Oui?

BRUNO. Je me comprends.

SYLVIE. Bravo.

BRUNO. Non, c'est pas ça, mais... Je veux pas que ça vous vexe.

SYLVIE. Quoi?

BRUNO. De toute façon, le problème ne se pose pas. Hein?

SYLVIE. Non.

BRUNO. Vous comptez me loger?

SYLVIE. Il y a une chambre de service.

BRUNO. Alors c'est huit mille, pour le mois. Avec les dimanches.

SYLVIE. Neuf mille. Sans les dimanches.

BRUNO. Nourri?

SYLVIE. Mal.

BRUNO. Bien. *(Il se lève, lui serre la main.)* Au revoir, madame.

Il marche vers la sortie. Elle le suit des yeux, perplexe.

SYLVIE. Euh... monsieur...

BRUNO *(se retournant)*. Un problème?

SYLVIE. Je n'ai pas bien compris, là. C'est oui ou c'est non?

BRUNO. Faut que je réfléchisse. Venez toujours à dix-sept heures. On verra.

SYLVIE *(un peu agacée tout de même)*. Non, mais vous avez envie de cette place, ou pas?

BRUNO. C'est vous qui avez besoin d'un jardinier. Faut pas inverser les rôles.

SYLVIE *(un peu sèchement)*. Besoin, besoin... N'exagérons pas non plus, hein.

Bruno tire de sa poche une liasse de feuilles pliées, les plaque sur le guéridon.

BRUNO. Mes références! Trois fois Jardinier d'Or de la Ville de Paris, pour mes créations au square Léon-Blum!

SYLVIE *(regardant les références)*. Vous devez être content.

BRUNO. Non. Mais je fais pousser n'importe quoi sur n'importe quel sol. Et en plus...

Il laisse la phrase en suspens, rêveur, la main dans une poche.

SYLVIE. Et en plus...?

Il sort de sa poche un os en plastique, le lui tend.

BRUNO. C'était son os.

SYLVIE. Ah.

BRUNO. Regardez... les traces de ses dents...

SYLVIE *(regardant l'os comme une photo)*. Il était sympa. J'ai toujours aimé les chiens.

BRUNO. Moi non. C'était le premier.

Elle lui tend l'os pour qu'il le reprenne.

BRUNO. Ça vous ennuie de le garder? Je peux pas le jeter, et je peux plus le voir. C'est pour ça que je veux pas d'enfants. Je m'attache, et puis...

Il reprend ses références et sort, tristement. L'os à la main, elle le suit des yeux.

SYLVIE *(regardant l'os).* Ça peut faire un premier chapitre.

Elle pose l'os et reprend son cahier de notes.
NOIR aussitôt.

Bruits d'embouteillage dans un tunnel. Klaxons. La lumière isole Sylvie et Bruno dans une voiture suggérée (ou bien on entend simplement leurs voix).

BRUNO. C'est pas au bord de la mer, au moins?

SYLVIE. Au bord, non. Et puis y a la marée basse.

BRUNO *(lugubre)*. Tant pis pour vous. Je déteste la mer. Ça me rend dépressif.

SYLVIE. En ce moment, vous ne craignez plus grand-chose.

BRUNO. Pourquoi on est passés par là ? Je supporte pas ce tunnel.

SYLVIE. Vous êtes claustro ?

BRUNO. Non. C'est ce tunnel-là en particulier. Je le trouve insupportable de bêtise. Finir en goulot pour une sortie de Paris, quand on sait le nombre de connards à la même heure qui se précipitent à...

SYLVIE *(le coupant)*. Arrêtez de râler. Faut économiser l'oxygène. On peut rester bloqués une heure.

BRUNO. Pas moi.

Bruit de portière qui s'ouvre, se referme.

SYLVIE. Monsieur Bornsen !

BRUNO *(s'éloignant)*. Je vous attends à la sortie !

NOIR.

Un air de jazz très gai remplace les bruits du tunnel.

LUMIÈRE.

Un grand chalet de plage, délabré, de plain-pied.

Un living avec trois portes : la porte extérieure, celle de la cuisine, celle du couloir. Au fond, une très grande baie vitrée aux montants de bois, pour l'instant dissimulée par un store intérieur. Mobilier simple, à l'abandon. Une table et deux chaises. Un canapé de cuir râpé. Un gros poste de radio antique d'où s'échappe le jazz. Dans un coin, une imposante sculpture en cuivre et tôle, boulonnée, vert-de-gris, cauchemardesque, et d'inspiration postcubiste. Ça représente néanmoins une femme.

31

Bruits de serrure : Sylvie entre, suivie de Bruno.

BRUNO *(à Sylvie).* Y a quelqu'un ?

SYLVIE. Non. Mon mari me rejoint demain ou après-demain. Je laisse toujours la radio, pour les cambrioleurs.

BRUNO. C'est gentil. *(Il passe un doigt sur la sculpture, regarde la poussière.)* C'est dégueulasse. Vous n'êtes pas venue depuis quand ?

SYLVIE. Je ne sais pas. Un an ou deux.

BRUNO. Et le coup de la radio, vous croyez que c'est toujours efficace ?

SYLVIE. De toute façon, y a rien à voler.

BRUNO. Moi je disais ça comme ça.

SYLVIE. A part la statue, mais il faudrait la découper au chalumeau.

BRUNO. C'est quelqu'un de votre famille ?

SYLVIE. Mon père était sculpteur.

BRUNO *(contemplant l'œuvre).* Eh ben. Vous avez pas dû rigoler.

SYLVIE. Pas vraiment, mais pas pour ça.

BRUNO *(regardant la radio)*. Simplement, si vous pouviez baisser le son... Je supporte pas le jazz.

SYLVIE. Vous aimez quoi ?

BRUNO. Le silence.

Elle va arrêter la radio.

SYLVIE. C'est la maison où je suis née.

BRUNO. C'est bien.

SYLVIE. Je la mets en vente, le 1er juin.

BRUNO. Ça doit pas valoir grand-chose.

SYLVIE. Pour moi, si. Justement.

BRUNO. Ça me regarde pas, mais moi, j'aurais un souvenir d'enfance... je vendrais le reste.

Elle ne répond pas, se dirige vers la commande du store qu'elle actionne. On découvre la baie vitrée, donnant sur un carré de sable entouré d'une clôture en fer forgé. Des dunes. La mer. Bruno se retourne vers Sylvie, interloqué.

BRUNO. Mais... y a pas de jardin.

33

SYLVIE. Non.

BRUNO. Pourquoi vous m'avez engagé, alors ?

SYLVIE. Pour en faire un.

> *Bruno se tourne vers la baie, se retourne vers Sylvie.*

BRUNO. Mais c'est du sable !

SYLVIE. Oui.

BRUNO. Et qu'est-ce que vous voulez que j'en fasse ? Des pâtés ?

SYLVIE. Vous pouvez planter des fleurs.

BRUNO. Dans le sable. Vous faites quoi, comme métier ?

SYLVIE *(vague)*. J'écris.

BRUNO *(brutal)*. Avec un marteau ? Vouloir planter des fleurs dans du sable, c'est écrire avec un marteau. J'm'excuse.

SYLVIE. Monsieur Bornsen, vous avez été Jardinier d'Or de la Ville de Paris, non ?

BRUNO *(sec)*. Oui, mais c'était avant d'être marié !

SYLVIE. Vous avez perdu la main ?

BRUNO *(criant presque).* Je ne voulais plus être fonctionnaire ! J'étais heureux !

SYLVIE *(haussant le ton).* C'est totalement impossible de créer un jardin sur une plage ?

BRUNO. Impossible, non. Mais c'est con.

SYLVIE. Et si je vous lance un défi ?

BRUNO. Ça devient possible... mais c'est toujours con.

SYLVIE. On parie ?

Elle lève sa main pour qu'il tope. Il la regarde comme une martienne, puis claque sa paume dans celle de Sylvie, pour relever le défi. Il l'aide à rentrer sa valise, et sa table pliante d'écrivain (celle de la première scène à Paris).

BRUNO. Vous écrivez quoi, comme trucs ?

SYLVIE. Des trucs.

BRUNO. Et ça marche ? Vous êtes connue ?

SYLVIE. Ça dépend.

BRUNO. Si vous me dites votre nom, je pourrai vous dire.

SYLVIE. C'est un pseudonyme.

BRUNO. Et alors?

Elle lui désigne une porte.

SYLVIE. La chambre de service est au fond de la cuisine. Si vous voulez vous installer...

BRUNO. Non. De toute façon, j'ai rien apporté. Je vais aller m'acheter des choses. Neuves. Ça ira peut-être mieux. J'veux dire : pour vous. Parce que là, je suis pas un cadeau. *(Souriant.)* Hein?

SYLVIE. Non. Mais c'est pas non plus Noël.

BRUNO. Vous avez un fournisseur, pour le jardin? *(Se ravisant.)* Oui, question idiote : y a pas de jardin.

SYLVIE *(dépliant sa table)*. Vous voulez m'aider?

BRUNO *(montrant la table de salle à manger)*. Y avait déjà une table, ici.

SYLVIE. Je peux écrire dans n'importe quel endroit, mais pas sur une autre table.

BRUNO. Chacun ses manies. Moi c'est la brouette.

SYLVIE. Ah oui?

BRUNO *(l'aidant à installer sa table)*. Je peux travailler dans n'importe quel jardin, mais pas sans la Portax. De chez Wolf. Vous connaissez?

SYLVIE. Non. Je suis navrée.

BRUNO. Vous allez connaître. On fait comment : je signe un chèque et vous me remboursez après?

SYLVIE. Par exemple.

BRUNO *(finissant de monter la table)*. Et pourtant, c'est pas la plus pratique, hein. *(Affectueux.)* Elle se déforme, elle se renverse, elle est mal répartie, mais elle est géniale. J'sais pas... elle a quelque chose.

SYLVIE *(pour se rappeler)*. La Portax.

BRUNO. De chez Wolf. A l'anglaise, à la française ou en rocaille? Le jardin.

SYLVIE. Je vous fais confiance.

BRUNO. Vous vous en foutez. C'est juste pour

donner de la valeur à la maison, avant de la vendre.

SYLVIE. C'est pour y changer quelque chose. Sinon, je n'aurai pas le courage...

BRUNO. Ça pose un problème si je prends votre voiture ?

SYLVIE *(lui tendant la clé).* C'est une automatique.

BRUNO. Ça se conduit comment ?

SYLVIE. Comme une brouette.

BRUNO. Je mets sur le D : ça démarre. Et sur le R : ça roule.

SYLVIE. Ça recule.

Il la regarde. Un petit temps.

BRUNO. De toute façon, je fais pas souvent de marche arrière.

SYLVIE *(se détournant).* Vous avez de la chance.

Il sort. Elle marche dans la pièce, regardant autour d'elle pour ranimer les souvenirs.

SYLVIE *(aux meubles).* Oui... je sais. Vous êtes

toujours à la même place. Ça serait gentil de me dire autre chose, un jour... *(Soupirant.)* Si je savais jeter, si je savais oublier... J'arriverais peut-être à me souvenir. *(Bruit de la voiture qui démarre et s'éloigne.)* Tout est tellement mort. *(Elle s'assied à sa table. Avec énergie.)* Et ça sera un livre gai. *(Elle sort de son sac un bloc de feuilles et débouche son stylo, pleine d'un entrain joyeux, un peu forcé.)* Allons-y ! *(Elle écrit.)* Donc, il fait les courses. Il achète ses pelles, ses râteaux, sa tondeuse, en pensant à cette demi-dingue qui a envie de voir des fleurs dans son sable. Une scène amusante à Intermarché. Rayon surgelés. Il achète pour deux sans savoir ce que j'aime. En évitant d'acheter ce qui plaît à Christine. Sa réaction plus tard en découvrant qu'on a les mêmes goûts. Monologue intérieur. Non, madame, je n'achèterai pas de quiche lorraine, d'escargots, ni de coquilles Saint-Jacques. *(Elle écrit un moment. Une musique douce s'élève, ou simplement le bruit des vagues. Le jour tombe. Elle relève la tête, songeuse.)* Et il revient. Dialogue.

Bruno revient en poussant une brouette Portax, remplie de paquets de sucre. La musique et le bruit des vagues ont cessé, l'ambiance redevient « réelle ».

BRUNO. Je suis allé chez Intermarché. J'ai acheté du sucre. Ils disent qu'il va y avoir la guerre.

SYLVIE *(écrivant, distraite).* Où ça ?

BRUNO. Au rayon sucre. Ils étaient comme des malades à s'arracher les paquets. J'ai dû en boxer deux et en écraser trois ou quatre. Non, je rigole.

> *Elle se tourne vers lui, découvre la brouette pleine de sucre.*

SYLVIE. Je trouve pas ça drôle, d'imiter les autres.

BRUNO. J'imite pas les autres.

SYLVIE. Vous avez acheté au moins trente kilos de sucre.

BRUNO. Quarante.

SYLVIE. Mettez-vous aux sucrettes, on gagnera de la place.

BRUNO *(amusé, regardant ses feuilles).* Ça vous embêterait qu'y ait la guerre pendant vot' livre, hein ?

SYLVIE. Je m'en fous. Ce n'est pas mon sujet.

BRUNO. J'comprends. La destruction de la planète, ça vous concerne pas.

SYLVIE. L'Amérique envoie des missiles pour faire de l'audience, c'est tout. CNN présente, on démolit trois villes, et après on reconstruit. Si vous saviez le nombre de pays qui sont prêts à payer pour qu'on les rase...

BRUNO. Je partage pas votre optimisme.

SYLVIE. Ce n'est pas de l'optimisme. Il n'y a plus que trois pouvoirs sur terre : Dieu, la Mafia et Mickey. Quelle que soit l'arrivée du tiercé, plus personne ne lira de romans.

BRUNO. C'est l'influence du sable, ou vous faites toujours l'autruche ?

SYLVIE *(tapant sur ses feuilles, violente)*. J'essaie de construire un univers cohérent ! Habitable ! D'accord ? J'ai autre chose à faire que de vibrer comme des millions de brebis devant leur télé qui leur dit des salades pour les empêcher de zapper ! Et ça marche, et tout le monde y croit, et tout le monde achète du sucre ! Pour quoi faire, hein ? Si un jour une bombe atomique nous tombe sur la gueule, ça vous aura servi à quoi, de stocker?

BRUNO *(qui ne comprend pas sa colère)*. Mais je ne stocke pas.

SYLVIE. Et qu'est-ce que vous allez faire, avec quarante kilos de sucre?

BRUNO *(évident)*. Un mur.

SYLVIE. Un mur?

BRUNO. Une digue. Pour endiguer le sable. Vous voulez un jardin, non?

SYLVIE. Mais pourquoi du sucre?

BRUNO. C'est un secret de famille, de la famille de mon père où on est maçon de père en fils. Moi j'ai pas été reconnu, mais ça fait rien : j'ai entendu le secret. Pour que le ciment tienne vraiment, dans un mur, contre le temps, les embruns et les mousses, faut y ajouter du sucre.

SYLVIE. Vous êtes sérieux?

BRUNO. Je plaisante jamais avec la famille.

SYLVIE. Parce que vous n'en avez pas eu.

BRUNO. Exact.

SYLVIE *(détendue, rebouchant son stylo)*. Pardon, monsieur Bornsen. Je ne voulais pas vous agresser avec la guerre, mais les gens sont tellement cons, ça m'énerve.

BRUNO *(serein)*. Faut pas. Faut les laisser être cons, dans leur coin, sinon ça déteint. La connerie. Et j'ai remarqué que ça déteint par les nerfs. Regardez, quand vous vous énervez. Jamais on croirait que vous êtes une femme intelligente.

SYLVIE *(presque agressive)*. C'est quoi, une femme intelligente ?

Il cherche un instant.

BRUNO. C'est... c'est comme une femme normale, mais... Enfin, pardon... j'veux dire : c'est comme une femme tout court, mais...

SYLVIE *(sèchement)*. Et c'est quoi, une femme tout court ?

BRUNO *(un peu dépassé)*. J'sais pas, moi...

SYLVIE. J'ai jamais compris. Y a quelque chose qui a dû m'échapper, au départ.

BRUNO. Je prends l'exemple de Christine, par exemple...

SYLVIE *(déchirant ses feuilles)*. Et ce que j'écris, c'est nul ! J'y arrive pas, j'y arrive pas !

> *Il regarde pensivement les feuilles qu'elle a déchirées. Elle essaie de se détendre, le front dans la main.*

BRUNO. C'est un roman ?

SYLVIE. Ça devrait, oui.

BRUNO. Comment vous êtes devenue écrivain ?

SYLVIE. Un accident de voiture.

BRUNO. Ah.

SYLVIE. Dans le Paris-Dakar. Onze fractures.

BRUNO. Et vous aviez fait des études ?

SYLVIE. Je suis restée dix-huit mois dans le plâtre, à écrire un livre d'amour. Comme j'avais eu ma photo dans *Match*, il a été publié.

BRUNO. Mais vous aviez fait des études ?

SYLVIE. La mère de Rilke disait à son fils... *(Précisant.)* Rilke... le poète.

BRUNO. Oui, celui qui est mort piqué par une rose. Tétanos.

SYLVIE *(étonnée)*. Vous savez ça ?

BRUNO. On avait des cours d'hygiène, au lycée agricole.

SYLVIE. Sa mère lui disait : « Tu vois, si tu avais fini tes études, tu ne serais pas obligé d'écrire des livres. » C'était pour répondre à votre question.

Elle relit la feuille qu'elle n'a pas déchirée.

BRUNO. C'est une histoire d'amour ?

SYLVIE. On verra.

Elle barre, réécrit une phrase. Il l'observe.

BRUNO *(un peu choqué)*. Ça vous gêne pas, de faire ça devant moi ?

SYLVIE. Au contraire. J'ai toujours eu besoin d'écrire devant des gens, dans les cafés, les aéroports... C'est une forme de pudeur.

BRUNO. Ah.

SYLVIE. Seule avec moi-même, je me regarde écrire et je trouve ça obscène.

BRUNO. C'est comme moi. Ça me fait pareil.

SYLVIE. En fait, j'écris comme je fume. Pour faire écran.

BRUNO *(suivant son idée)*. Quand je tonds l'herbe autour d'une maison vide... je me dis : je tourne en rond, et puis je ramasse, et puis ça repousse...

SYLVIE *(butant sur un mot)*. Dilemme, c'est *m-n* ou deux *m*?

BRUNO... Je pense à Christine, j'ai les mots qui me viennent dans la tête, je me dis : je suis en train de lui écrire une lettre, et puis quand les lames s'arrêtent, y a plus rien. Alors je prends le fil de nylon pour finir les bordures.

SYLVIE *(dans sa phrase)*. De toute façon...

> *Elle déchire la feuille, et se remet en position d'écriture, stylo immobile, attendant que ça vienne. Il l'observe, désœuvré, perplexe.*

BRUNO. Je peux parler, ou ça dérange?

SYLVIE. Au contraire.

BRUNO. J'ai aussi acheté quarante kilos de ciment. Je dis ça pour vos amortisseurs. Vous déduirez la réparation de mon salaire.

SYLVIE *(écrivant)*. La voiture n'est pas à moi.

BRUNO *(compréhensif)*. Elle est à votre mari.

SYLVIE. Nous sommes séparés.

BRUNO. Ah. C'est nouveau?

SYLVIE. Oui.

BRUNO. Parce qu'il devait venir nous rejoindre, là.

SYLVIE *(écrivant toujours)*. Il viendra. Peut-être. Ça dépendra.

BRUNO. Bon. Ben... au boulot. *(Il regarde sa brouette de sucre.)* J'ai aussi acheté des escargots, des coquilles Saint-Jacques et une quiche lorraine.

SYLVIE *(dans ses feuilles, arrêtant d'écrire)*. Ah oui?

BRUNO. Je suis amoureux de ma femme. Je peux manger que ce qu'elle aime.

Elle le regarde, troublée. Il ouvre la baie pour sortir dans le carré de sable.

BRUNO. Y a une remise à outils?

SYLVIE. Y a une cabine de bain.

Il jette un coup d'œil réprobateur à la petite cabane, au fond, contre la clôture. Avec un soupir, il vient chercher la brouette. Sylvie a un étourdissement, se tient la tête.

BRUNO *(se précipitant).* Ça ne va pas, madame?

SYLVIE. J'ai faim, je crois... Je n'ai rien pris depuis ce matin.

BRUNO. Vous voulez la quiche, les escargots ou les coquilles?

SYLVIE *(essayant de dominer son malaise).* Le plus rapide.

BRUNO *(montrant un sac Intermarché).* Tout est rapide, c'est du congelé. Pourquoi vous m'avez menti? Vous n'êtes pas mariée.

SYLVIE. Je n'avais pas envie de tomber sur un violeur qui aurait voulu profiter d'une femme seule.

BRUNO. C'est idiot. Un mari, ça excite. Se dire qu'on va violer la femme pendant que le mari est à la pêche. Non ?

SYLVIE. Je ne me rends pas compte.

BRUNO. J'aurais été un violeur, je vous aurais dit oui tout de suite.

SYLVIE. Vous m'avez dit oui.

BRUNO. J'allais pas vous dire non, sous prétexte que je ne suis pas un violeur. C'est déjà assez difficile de trouver du travail.

SYLVIE. Quiche lorraine, ça vous dit ?

BRUNO. M'est égal.

SYLVIE. La gazinière ne marche plus. J'ai apporté un mini-four, dans le sac vert.

Bruno regarde le sac, aux dimensions plus que modestes.

BRUNO. J'ai bien fait d'acheter une mini-quiche.

SYLVIE *(se levant)*. Et puis non, tiens : j'ai envie de coquilles Saint-Jacques. Je m'en occupe. *(Elle va prendre le sac vert, se dirige vers la cuisine.)* Ça vous ennuie si je mets un peu de musique ?

BRUNO. Non, je peux sortir. J'ai des plans à faire, avant la nuit.

SYLVIE. Des plans ?

BRUNO. Un jardin, ça se dessine.

SYLVIE. Dans le sable ?

BRUNO. Quand y a du sable.

Il sort. Elle rallume la radio.

VOIX DE LA RADIO... Notre envoyé spécial en Mauritanie... La menace du conflit...

Elle éteint la radio. Elle regarde Bruno qui va ranger sa brouette dans la cabine de bain. Elle passe dans la cuisine.
Le bruit des vagues devient très présent. Bruno arpente le carré de sable, prend des mesures, calcule ses perspectives, étudie la nature du sable, y trace des traits. Le soleil se couche, la nuit tombe.
Sylvie sort de la cuisine avec un plateau, dispose sur la table de salle à manger deux assiettes avec des coquilles Saint-Jacques, une bouteille de vin, des verres. Le bruit de vagues s'arrête.
Bruno rentre.

SYLVIE. C'est prêt.

Ils s'assoient. Il goûte.

BRUNO. C'est cru.

SYLVIE. C'est cuit au citron vert. Je n'ai pas compris le fonctionnement du four. *(Elle goûte, apprécie.)* C'est croquant.

BRUNO. C'est pas décongelé.

SYLVIE. C'est trop long. Quand j'ai faim, j'ai faim.

Elle mange. Il repousse son assiette, l'air pensif et sombre. Elle reprend des forces et du moral, à chaque coup de fourchette.

SYLVIE. Ça ira, le jardin ?

Il ne répond pas.

SYLVIE. J'ai demandé : ça ira, le jardin ?

Il ne répond pas, mais lève les yeux vers elle, sans la voir.

SYLVIE. Vous n'avez pas entendu ?

BRUNO *(absorbé dans ses pensées)*. Je réfléchis. J'aime pas répondre pour ne rien dire. Faut que j'essaie des trucs. Je vous répondrai dans trois jours.

SYLVIE. Et pendant trois jours, vous n'allez rien dire ?

Il mange, s'essuie la bouche, la regarde. Elle attend une réponse. Il soupire, agacé, finit par répondre d'un ton rapide, expert et sans réplique.

BRUNO. Je pense que je vais amender avec de la bruyère en terreau quatre par douze et chauler sur un semis de Brison d'Écosse à croissance trois.

SYLVIE. Ah.

BRUNO. Vous avez compris ce que j'ai dit ?

SYLVIE. Non.

BRUNO. J'aime pas parler pour pas être compris.

Il se remet à manger.

SYLVIE. A dans trois jours, alors.

Ils mangent en silence. Ennuyé d'avoir été brutal, il fait un effort d'amabilité et demande au bout d'un moment, sur un ton dégagé :

BRUNO. Et vous, le travail... Ça va?

Elle le regarde sans répondre, en mâchant.

BRUNO. Non, je vous demandais si ça va, le travail. Vos écritures. Ça vient bien?

SYLVIE. Ça vient, mais ça va pas.

BRUNO *(poli)*. Si je peux faire quelque chose...

SYLVIE *(soudain)*. Je vais mettre le narrateur en ellipse et matcher les flash-back en images récurrentes.

BRUNO. Vous avez raison.

SYLVIE *(amusée)*. Vous avez compris ce que j'ai dit?

BRUNO. C'est pas parce qu'on essaie de faire pousser des fleurs dans le désert qu'on est forcément con. Je suis marié avec une intellectuelle, madame, depuis dix ans. Alors j'ai eu le temps de souffrir. Et de me documenter. A une époque, je lisais deux livres par jour. En hiver.

SYLVIE. Vous m'avez lue?

BRUNO. Je sais pas votre nom.

SYLVIE. Sylvie Janin.

BRUNO. Ah oui. *(Peu emballé.)* Eh ben.

SYLVIE. Vous n'avez pas aimé?

BRUNO. Je lisais des livres sérieux. Les romans, j'avais pas le temps. Mais un soir, j'ai vu ma femme vous lire.

SYLVIE. Et alors?

BRUNO. Elle a lu toute la nuit. Je faisais semblant de dormir. Je la regardais.

SYLVIE. Ça lui a plu? C'était lequel?

BRUNO. J'étais jaloux. Oui. Jaloux qu'on l'intéresse comme ça, à dix centimètres de moi. Je suis pas né jardinier, vous savez. Moi aussi, j'aurais pu écrire. Si j'avais eu le temps. Si j'avais intéressé quelqu'un. Je vais me coucher. *(Il se lève, marche vers la cuisine, se retourne.)* Un chien c'est bien; ça pose pas de questions.

> *Il va s'enfermer dans la chambre de service, au fond de la cuisine. Elle regarde la porte, perplexe et pessimiste.*

SYLVIE. Cette histoire, ça va faire dix pages. *(Elle prend l'assiette de Bruno, la termine.)*

Qu'est-ce qui peut se passer dans la tête de ce type ? Il est humilié dans son travail parce que je lui demande quelque chose d'absurde. Il aime sa femme parce qu'elle ne le voit pas. Il est venu ici parce qu'il n'avait pas envie. Il ne me voit pas... je n'ai rien à lui dire... *(Criant soudain.)* Et j'aime pas cette maison !

Elle repousse brutalement l'assiette, se lève, retourne à son manuscrit, dans un élan furieux. Elle s'arrête devant les feuilles déchirées, découragée.

SYLVIE. Où tu es, Pascal ? Je m'en sors pas. J'ai plus assez de colère pour t'oublier. C'est pour toi que j'écris. Pour que tu lises ton absence. Que tu voies où je suis tombée. Draguer un inconnu pour me faire croire que j'aurai quelque chose à dire. La honte... le dégoût... C'est pour toi. Pour toi... salaud. *(Sa voix a faibli de plus en plus. Criant soudain.)* Salaud !

Assise devant ses feuilles déchirées, elle pose la tête dans ses mains.
Bruno revient, ennuyé par sa sortie de tout à l'heure. Il la regarde sur le seuil de la cuisine, hésitant.

BRUNO. Vous m'avez appelé?

SYLVIE *(redressant la tête, sans le regarder)*. Vous savez pourquoi je vous ai engagé, n'est-ce pas?

BRUNO. Pour pas être seule. Y a pas de honte. C'est humain.

SYLVIE *(dure)*. Je veux pas de votre pitié. Je préfère votre mépris.

BRUNO. Pour quoi faire?

Elle se dresse d'un bond, lui fait face.

SYLVIE. Arrêtez, d'accord?

BRUNO. Bon. *(Il fronce les sourcils.)* Que j'arrête quoi?

SYLVIE. Faites-moi l'amour, et qu'on n'en parle plus.

Il la regarde avec étonnement, exprime par une mimique qu'il a dû mal comprendre.

SYLVIE *(criant)*. Sautez-moi!

Il se ferme, aussitôt. Il redresse la tête, presque menaçant.

BRUNO. Pourquoi vous me dites ça? Pour

56

vous moquer de mon chagrin, pour vous moquer de mon couple? Ou alors c'est...? C'est...?

Il cherche, laisse en suspens.

SYLVIE *(l'aidant).* C'est plutôt ça.

Elle s'approche, lui prend doucement la main. Il la retire, brutal, puis s'excuse d'une moue.

BRUNO. C'est pas contre vous, madame. Mais... D'abord j'aime pas les traquenards! Et puis je mélange jamais le travail et le plaisir. Surtout quand le travail, déjà, c'est pas un plaisir!

SYLVIE. Qui est-ce qui vous parle de plaisir? Je ne suis pas une nymphomane.

BRUNO *(désarçonné).* Ah bon. Excusez-moi.

Un temps.

SYLVIE. Simplement, je trouverais poli que vous abusiez de la situation.

BRUNO. Poli?

SYLVIE. Poli.

BRUNO *(se détournant avec un soupir fatigué).* Y en avait pas un mieux que moi, dans ceux qui ont répondu à l'annonce?

SYLVIE. Si vraiment je vous plais pas, y a trois kilomètres à pied jusqu'à la gare et l'express pour Paris dans une heure.

BRUNO *(vivement).* Vous êtes très, très belle.

Elle rit comme une môme, malgré elle, à cause de cette réaction. Elle vient se glisser dans ses bras, naturelle, en « copains ».

SYLVIE. Pardon. Merci de me faire rire.

BRUNO *(sans la repousser).* Ça encore, je peux. Je veux bien me forcer. Mais le reste... Excusez-moi, mais la fidélité, je plaisante pas. Et puis soyez gentille de ne pas trop rester comme ça, parce que je suis quand même un homme.

SYLVIE *(sans se détacher de lui).* Ça vous dérange vraiment que j'aie envie de vous?

BRUNO. C'est pas le problème.

SYLVIE *(toujours contre lui).* Je vous demande pas de tromper votre femme. C'est un mot qui ne veut rien dire. On se trompe soi-même, c'est tout.

BRUNO. Ben, c'est pareil. Disons que... *(Il la repousse soudain.)* Je commence à avoir envie de me tromper, et c'est pas sympa de votre part. Voilà ! C'est peut-être un jeu, pour vous, ça compte pas...

SYLVIE *(sincère)*. Oh si !

BRUNO. ... mais pour moi... Allez, on va boire un verre d'eau, et on va faire un rami. J'ai vu qu'y avait un jeu, dans la bib...

SYLVIE *(au bord des larmes)*. Mais ça vous suffit pas ? Il faut que je m'humilie, encore, que je vous supplie, que je me roule par terre ? *(Criant.)* Faites-moi l'amour, merde !

BRUNO. Bon. Si c'est une question de vie ou de mort...

Il la regarde. Ils se font face, les bras ballants, immobiles.

BRUNO. Qui est-ce qui commence ?

Elle va allumer une cigarette.

SYLVIE. Si je vous demande ça, et de cette manière, c'est vraiment que je suis très, très mal.

BRUNO. Je serai peut-être pas très, très bon non plus.

SYLVIE. Alors ça, vraiment, ça n'a aucune importance.

BRUNO. On dit ça « avant ».

SYLVIE. J'ai besoin d'être à vous, simplement, ce soir, comme ça. Comme deux gamins ou comme deux vieux, qui se rassurent dans le noir. Je veux pas tricher, avec vous. Je veux pas jouer un rôle. Je vous dis simplement : s'il vous plaît.

BRUNO. OK.

Il va mettre sa veste.

SYLVIE *(résignée)*. Vous partez?

BRUNO. Non, je vais faire une course.

SYLVIE. Une course?

BRUNO. En ville. Je peux prendre la voiture?

SYLVIE *(sèchement)*. Non. Si vous partez, vous prenez le train. *(Elle va vers son sac.)* Et avant, je vous paie votre salaire.

BRUNO *(nerveux)*. C'est pas pour partir, c'est pour aller acheter quelque chose !

SYLVIE. Quoi ?

BRUNO *(agacé)*. Des préservatifs ! Voilà ! Romantisme, avec vous, hein, merci !

SYLVIE *(souriant)*. Mais c'est pas...

BRUNO *(la coupant)*. Vous en avez sur vous ?

SYLVIE. Non... je regrette.

BRUNO. D'un côté, ça me rassure, parce que faire l'amour à une femme qui sort de sa poche un éventail de capotes en disant : « Choisis », ça me... Bon. D'un autre côté, ça me force à ressortir.

SYLVIE. Mais ça va être fermé.

BRUNO. Y a un distributeur, à la gare.

SYLVIE. Vous êtes allé en repérage.

BRUNO. Non, mais je vais trouver. Si c'est une question de vie ou de mort.

SYLVIE. Sans être indiscrète... Chaque fois qu'on vous drague, vous sortez acheter des préservatifs ?

BRUNO. C'est pas contre vous. Mais j'aime ma femme.

Il marche vers la porte.

SYLVIE. Je suis trop vieille ?

BRUNO *(se retournant).* Et c'est la première fois de ma vie que je sors acheter des préservatifs.

Elle lui lance les clés de la voiture.

SYLVIE *(gentille).* Prenez votre temps.

BRUNO. Y a pas de quoi.

Il sort. Elle se précipite sur son manuscrit.

SYLVIE *(notant la scène, fébrile).* Comment il a dit ça... ? *(Cherchant, anxieuse.)* Merde... *(Retrouvant les mots.)* Voilà !

La lumière baisse sur elle, qui écrit, dans le bruit des vagues. La cabine téléphonique, côté jardin, s'éclaire. Bruno est dedans.

BRUNO *(téléphonant).* Oui bonsoir. Je pourrais parler à Christine ? De la part de son mari Bruno. *(Il écoute. Un temps.)* Ah bon. Ça fait rien. Au revoir, monsieur.

Il raccroche, triste.

Pendant son appel, Sylvie a piqué du nez, va s'allonger sur le canapé. La cabine s'éteint, tandis que Bruno en sort, disparaît par les coulisses, côté jardin.

La lumière revient sur Sylvie. Bruno rentre par la porte, côté cour, un petit sachet à la main, l'air encore tout triste.

BRUNO. Le distributeur était en panne, alors j'ai pris des chips. Dans le distributeur voisin...

Il s'aperçoit qu'elle dort, pose le sachet, s'approche sans bruit. Il la contemple, hésite, puis, poussé par la curiosité, prend délicatement quelques feuilles et va les lire à l'écart. Son visage change à mesure qu'il déchiffre.

BRUNO. Mais c'est... c'est moi, ça. C'est moi qui parle. *(Il regarde Sylvie, ahuri, replonge dans les feuilles, contenant sa réaction, à voix basse.)* Ah d'accord. Elle m'a mis dans le livre. *(Admiratif.)* Quelle salope...! Et moi qui... *(Lisant, séduit.)* Ah c'est pas mal, tiens. J'ai dit ça, moi? C'est fou comme ça rend, quand c'est écrit.

Elle a un grognement dans son sommeil. Il se fige, cachant les pages dans son dos. Il attend qu'elle ait cessé de bouger.

BRUNO. Mais où elle va, là ? *(Il feuillette la suite.)* Ah oui, OK. C'est pour ça. On arrivait à la scène d'amour. Ah, on m'avait jamais fait ça ! Mais tous ses bouquins, alors, elle les écrit comme ça... en direct ? Quand je dirai ça à Christine !... *(Il revient en arrière, reprend sa lecture. Choqué, soudain.)* Mais c'est dingue ! Où elle est allée chercher ça ? Qui est-ce qui lui a dit ? *(Il regarde Sylvie, plein de soupçon, puis se détend.)* Putain, c'est beau le talent. Mais dis donc... je peux lui faire un procès. Usage de moi, sans mon autorisation. *(Rêveur.)* Dommages et intérêts... J'achète un yacht, j'arrive au Cap-d'Antibes, sous la fenêtre, je klaxonne... «Bruno, c'est toi ?» Casquette d'amiral, veste blanche, un verre de champagne... «Bonjour, Christine. Tu vois, j'ai fait fortune... dans la littérature...» *(Son sourire retombe. Il renonce à l'image.)* Non. Je suis pas comme ça. C'est tellement beau, ce qu'elle me fait dire. *(Se remettant à lire.)* Et peut-être, si j'étais pas sorti, elle aurait pas écrit... C'est dingue, ce truc.

Sylvie gémit, dans son rêve. Bruno se fige, tout en lisant. Il paraît très ému. Un temps. Lentement, sur la pointe des pieds, il va remettre les feuilles à leur place. Puis il reprend ses

*chips et gagne la chambre de service, cham-
boulé. Il se retourne, regarde Sylvie.*

BRUNO *(doucement)*. Tu m'as bien fait
l'amour, tu sais.

*Il éteint le living, sort. Un projecteur isole
Sylvie qui dort. On entend une tempête. Puis
l'aube se fait lentement sur la baie. Bruit des
vagues.*

Le soleil se lève. Sylvie s'éveille, s'étire, regarde l'heure, classe ses feuilles. Bruno sort de la cuisine avec un plateau de petit déjeuner, dynamique et joyeux comme dans une publicité télévisée.

BRUNO *(chantant).*
« Le soleil vient de se lever...
C'est l'heure du petit déjeuner...
L'ami Ricoré... Wam-ba-lam...»

SYLVIE *(l'air fermé).* Oui, alors s'il vous plaît. Je ne supporte pas les gens qui sont en forme le matin. D'accord ? Je trouve ça d'une grossièreté...

BRUNO *(s'adaptant aussitôt, bâillant et s'étirant bruyamment)*. J'suis poli, là, ça vous va ?

SYLVIE. Mieux. Dites-moi, l'ami Ricoré, on a beaucoup bu, hier soir ?

BRUNO. Absolument rien.

SYLVIE. C'est pas moral. J'ai une migraine...

BRUNO *(fier de sa formule)*. C'est l'argent du beurre, sans le beurre !

SYLVIE *(le regardant)*. C'est-à-dire ?

BRUNO *(guilleret, posant un peu)*. C'est une formule. Pas mal, non ?

SYLVIE. Je sais pas. Avant ma troisième tasse de café, je suis... *(Soudain.)* Ouh la ! Je me rappelle.

BRUNO. Un rêve ?

SYLVIE. Hier soir. *(Continuant à se souvenir.)* Ah oui, c'est ça. *(Soupirant, consternée.)* Eh ben... *(Concluant.)* Mmouais.

BRUNO *(rieur)*. Vous êtes contente du dialogue, là ?

SYLVIE *(ton implorant de petite fille).* On oublie, d'accord ?

BRUNO. Moi oui, si ça vous arrange. Mais pas vous. Hé, hé ! *(Agitant le doigt, taquin.)* Attention, hein... Je vous ai à l'œil.

Elle le regarde en fronçant les sourcils, se beurre un croissant. Très à l'aise, il va contempler le paysage sur la baie, claironne d'une voix optimiste :

BRUNO. Bulletin météo : une tempête de sable a ravagé cette nuit le projet de jardin de Bruno Bornsen. Tous ses plans, tous ses tracés, tous ses repères sont à refaire ! En outre, comme le toit de la cabine de bain est poreux, et qu'il a plu, quarante kilos de sucre ont fondu ! Il ne fera donc pas son mur. *(Il revient vers Sylvie, heureux.)* Mais son moral est en béton, ses idées fourmillent, et son cœur bondit comme un oiseau dans sa poitrine. *(Il l'embrasse sur le front, au passage, lui ébouriffe les cheveux, dans le style séducteur.)* Et toi, chérie ? Heureuse ? *(Elle le regarde, de plus en plus consternée. Il se reprend, avec une moue.)* Oui, c'est un peu trop, là. Je saute les étapes.

SYLVIE *(mangeant son croissant).* Pour hier soir... je vous demande pardon.

BRUNO *(ton noble, assez artificiel)*. C'était la moindre des choses.

SYLVIE *(mâchant)*. Merci de ne pas en avoir profité.

BRUNO *(lui montrant ses feuilles)*. Allez, au boulot !

Il se vautre dans le canapé.

BRUNO. Il s'accorde une minute de détente, et puis il prend sa brouette et il va chercher du sable.

SYLVIE. Pardon ?

BRUNO. Parce qu'il est en train de se dire : tant qu'à créer une surface paysagée dans le style du pays, autant faire des dunes. Il a raison, non ?

SYLVIE. Il parle de lui à la troisième personne ?

BRUNO. Il fait comme elle.

Il soutient son regard, rieur. Elle a compris. Elle a un soupir.

SYLVIE. Vous avez lu.

BRUNO. C'est assez ressemblant. Ça va faire beaucoup de pages?

SYLVIE *(gênée)*. Bruno... Ce n'est pas ce que vous croyez. Ce n'est pas pour... copier, pour me donner de l'inspiration... C'est pour éprouver quelque chose de... vivant.

BRUNO. Oui. C'est pour me donner la parole. Vous n'avez pas besoin de vous excuser, je trouve ça formidable.

SYLVIE. Je ne veux rien vous voler, je veux...

BRUNO *(coupant court à ses excuses)*. C'est très bien rendu. Je suis ravi. Allez, au travail.

Il va prendre la cafetière pour la resservir, tourne devant elle, lui offrant ses profils, se comportant comme un mannequin en démonstration. Elle le regarde, embarrassée.

SYLVIE. Bruno...

Il suspend son geste, cafetière en l'air, se tourne vers elle, comme une image figée.

BRUNO. Oui?

SYLVIE. Il faut que vous soyez naturel, si vous voulez que je vous observe.

BRUNO *(logique)*. Si vous voulez que je sois naturel, faut que vous cessiez de m'observer. *(Riant.)* Non, je rigole.

Sylvie pose son croissant et se lève.

SYLVIE. Bon. Je crois qu'il vaut mieux qu'on arrête.

BRUNO. Pourquoi? C'est une bonne scène. Ça détend.

SYLVIE. C'est ridicule, maintenant que vous savez. Vous... vous n'êtes pas un homme-objet, un modèle pour un sculpteur!

BRUNO. Mais si, pourquoi? Allez-y. Qu'au moins je serve à quelque chose. Ne vous gênez pas.

SYLVIE *(navrée)*. Je vous ai blessé...

BRUNO *(sincère)*. Mais pas du tout! Vous avez complètement compris mon problème. Jamais je suis arrivé à m'expliquer, dans la vie, moi! Avec des mots... Ça, j'ai hâte de montrer à Christine! Vous avez assez de papier, vous avez assez d'encre?

SYLVIE *(très ennuyée par sa réaction)*. Bruno, je

suis une romancière... je suis pas un porte-parole.

BRUNO *(pour la mettre dans de bonnes dispositions)*. Vous voulez du thé, du chocolat, des céréales, des vitamines ? Vous voulez un plaid ?

SYLVIE. Arrêtez ce jeu !

BRUNO. Vous voulez un baiser ?

SYLVIE. Mais vous voyez pas que vous me bloquez complètement ?

BRUNO *(confus)*. Oh pardon ! Mais j'ai pas le mode d'emploi, moi. Qu'est-ce que je dois faire ?

SYLVIE *(fatiguée)*. Rien, rien, rien, rien.

BRUNO. Dans quel ordre ? *(Il rit tout seul, pour la détendre, s'arrête aussitôt, s'informe.)* Je vous aime ?

SYLVIE. Hein ?

BRUNO. J'ai le droit ?

SYLVIE. Mais...

BRUNO. Ça vous aide ?

SYLVIE. Bruno...

BRUNO. C'est prévu, dans vot'livre, ou pas ? J'veux dire : c'est juste vous qui essayez d'être amoureuse de moi, ou moi aussi j'ai le droit ? *(Pour lui-même, réfléchissant tout haut.)* Qu'est-ce qui est le mieux, pour l'intrigue ? Qu'est-ce qui se vend le plus ? L'amour à deux, ou l'amour tout seul, et l'autre qui s'en fout ?

SYLVIE. Laissez-moi travailler !

Elle se met à déchirer, une par une, ses feuilles de la veille.

BRUNO *(très tendu)*. C'est du travail, ça ?

SYLVIE. C'est *aussi* du travail, oui.

BRUNO *(lui immobilisant le poignet)*. Et quand vous aurez tout déchiré, vous me donnerez mon congé, vous fermerez la maison, on rentrera à Paris et qui est-ce qui aura gagné ?

SYLVIE *(triste)*. Je sais pas.

73

BRUNO. Le sable. *(Dur.)* Et moi je veux pas, madame Janin! Vous êtes ici pour écrire, et moi pour être écrit. C'est simple, non?

SYLVIE *(éclatant).* Mais merde! Vous n'avez aucune idée de ce que c'est, l'écriture!

BRUNO. Si c'est de déchirer en quatre une page après l'autre, non, c'est vrai : je découvre.

SYLVIE. Occupez-vous du jardin et foutez-moi la paix!

BRUNO *(criant).* Y aura jamais de jardin! Si y a pas de roman, y aura pas de jardin! Je me connais! Je peux travailler que si je suis heureux.

SYLVIE. Et vous êtes en chômage longue durée! C'est ça?

BRUNO. J'ai le droit de pas être heureux, comme vous, mais moi j'ai pas le talent d'en faire quelque chose, et je trouve ça dégueulasse de déchirer quand on a la chance de pouvoir écrire!

SYLVIE. C'est tout?

BRUNO. Non, c'est pas tout!

SYLVIE. Y a un train à midi. Je vous paie votre mois, et vous partez. Sans commentaires, d'accord?

Il lui saute dessus et l'embrasse furieusement, commence à la déshabiller.

SYLVIE *(se débattant).* Mais qu'est-ce qui vous prend?

BRUNO. C'est un rebondissement. Je vous viole.

SYLVIE *(le repoussant violemment, criant).* Ça va pas?

BRUNO. Je vous viole et vous en faites un chapitre. *(La bousculant.)* Mais qu'est-ce que vous croyez? Que vous allez jouer avec moi, indéfiniment, un coup d'eau chaude, un coup d'eau froide... C'est de la littérature de touche-pipi, ça! Ça intéressera personne!

SYLVIE *(se réfugiant derrière un meuble).* Partez, ou j'appelle la police!

BRUNO. Et ça vous amènera quoi? Une scène au commissariat? Ça s'est fait cent fois! C'est nul!

SYLVIE. Je vous demande de partir, monsieur Bornsen.

BRUNO *(simple)*. Non! J'ai un contrat. Je suis là jusqu'au 31 mai. Alors si vous voulez écrire un livre pendant la période, vous l'écrivez comme il vient, c'est-à-dire comme je suis.

SYLVIE. Vous êtes en train de me menacer, ou quoi?

BRUNO. De vous mettre en garde. Faut toujours laisser parler ses personnages. Ils ont leur propre vérité, non? Moi, en tout cas, j'ai la mienne! Vous voulez écrire un livre bidon? Vous voulez que votre personnage ressemble plus à rien? Et que les critiques disent : « Elle l'a perdu en route »?

SYLVIE. Qu'est-ce que vous êtes en train de me dire? Que vous allez me dicter?

BRUNO. Non, mais laissez-vous faire. Laissez-moi vous inspirer. Je suis votre muse, non? Une muse, au masculin, ça donne quoi?

SYLVIE. Un pigeon. Allez, payez-vous, méprisez-moi et barrez-vous!

BRUNO. Non! Pour la première fois de ma

vie, j'ai l'impression que j'existe. Que j'ai des choses à dire. Et demain, ça sera dans la tête de milliers de lecteurs! Des centaines de milliers de gens qui me connaissent pas, et qui se diront pourtant qu'ils sont comme moi. C'est génial, comme cadeau, ce que vous m'avez offert. Alors je vais pas refuser.

SYLVIE. Mais c'est moi qui ne veux plus!

BRUNO. C'est trop tard. Fallait pas m'inviter!

SYLVIE. Mais j'en ai rien à foutre, de vous! Vous comprenez pas?

BRUNO. Vous avez tort. Je suis peut-être un personnage formidable. J'y avais jamais pensé. Mais il faut pas me gâcher. *(Soudain.)* Ou alors on déchire tout, et on recommence... *(Lançant le manuscrit en l'air.)* Chapitre un : je rencontre Christine. *(Avec un cri, elle bondit pour ramasser les feuilles.)* Mais tel que le roman est parti, moi, il me semble très bien. Je serais le lecteur, j'achèterais tout de suite.

SYLVIE *(à quatre pattes, au bord des larmes, ramassant)*. Mais vous êtes con! C'est pas numéroté!

BRUNO. Ça devrait! Vous savez ce que vous

êtes? Une pauv'fille, qui a des dons incroya-
bles et qui les gâche! Je suis peut-être le qua-
rantième type que vous essayez de faire parler
sur vot'papier, mais je vais vous dire un truc :
si vous n'y arrivez pas, c'est pas not'faute!
Vous avez peur de la vie, vous attendez que
les mots vous tombent tout cuits du stylo, vous
avez jamais rien fait pour quelqu'un par amour
à part des ratures, vous prenez votre pied en
aimant un mec qui vous aime plus, parce qu'au
moins y a pas d'efforts à faire, vous avez jamais
eu de chien, de chat ou de géranium : ça fait
des saletés, ça prend du temps, vous voulez être
responsable de rien, je suis peut-être le sujet
de votre vie et vous allez me laisser partir sans
bouger votre cul parce que ça vous arrange!
Vous êtes ravie d'arrêter mon bouquin et d'en
commencer un autre avec le facteur, le pom-
piste ou le plombier, n'importe qui pourvu
qu'il soit neuf! Vous avez peur d'aller au bout
des choses, d'aller au fond des gens, de décou-
vrir qui je suis vraiment! Je tiens pas en dix
pages, madame Janin! Je suis peut-être pas sur
terre uniquement pour aller vous acheter des
préservatifs et passer la tondeuse dans votre
sable! *(Il ramasse brusquement sa veste et fonce
vers la porte, résolu.)* Je vais prendre mon train.
Si vous voulez la suite, je suis dans l'annuaire!

Noces de sable

Il sort. Elle reste au milieu de ses feuilles. Elle relit, machinalement, celle qu'elle venait de ramasser. Elle bondit soudain à l'extérieur.

SYLVIE. Bruno !

NOIR. *Le bruit des vagues.*

Le soir. Sylvie et Bruno sont attablés. Dîner aux chandelles, champagne, assiettes vides. Ils se taisent, lugubres.

SYLVIE. Qu'est-ce qu'on fête?

BRUNO. J'sais pas. C'était une idée à vous.

SYLVIE *(soupirant)*. Faut pas m'en vouloir. Je suis dans mon livre.

BRUNO. Je vais pas non plus dîner avec une feuille.

SYLVIE *(détournant les yeux)*. C'était pas une bonne journée.

BRUNO. Combien ?

SYLVIE. Dix pages écrites, quarante-neuf déchirées.

BRUNO. Je vais vous changer de papier. Il est trop mince.

Elle déplie sa serviette. Il boit. Un temps.

SYLVIE. C'est pas prêt ?

BRUNO. Faut le temps.

Un long silence, entre eux. Ils évitent de se regarder.

SYLVIE *(sinistre).* J'étais très drôle, quand j'étais petite.

BRUNO *(lugubre).* Sûrement.

SYLVIE. Je me déguisais. Pompier, Zorro, d'Artagnan, Astérix...

BRUNO. Moi non.

SYLVIE. J'aurais tellement voulu être un garçon. Pour faire plaisir à mon père. C'est ma vie que je raconte, quand j'écris « je » au masculin. Ma vraie vie. Les faux souvenirs avec lesquels je me soûle.

BRUNO *(très sérieux)*. Je comprends.

SYLVIE *(le regardant)*. On avait dit qu'on passait une soirée gaie.

    Bruno prend le mirliton posé à côté de son assiette, souffle dedans, le repose.

SYLVIE. Parlez-moi de vous, un peu.

BRUNO. J'ai rencontré Christine pendant que je faisais mon service mili...

SYLVIE *(l'interrompant)*. De *vous*, j'ai dit.

BRUNO *(sur un ton d'évidence)*. Mais avant Christine, j'étais rien. Y avait quoi ? Une mère qui boit, un père qui se barre, le lycée agricole et le service militaire. *(Sourire reconnaissant.)* Et puis y a eu Christine.

SYLVIE. Vous vouliez faire quoi, de votre vie ?

BRUNO. Un couple. Réussir un couple. Vous comprenez pas, ça ? Hein ? Ça vous dépasse. Vous, l'amour, ça sert à faire des phrases. Une belle histoire d'amour, ça donne un beau livre. Mais moi, depuis que je connais Christine...

SYLVIE. Elle me fatigue, votre Christine.

BRUNO *(se dressant)*. Pourtant, elle est là. Elle et moi, on fait un, et si je suis dans le livre, elle aussi.

SYLVIE. Avec son amant du Cap-d'Antibes, vous me faites un lot.

Il la gifle. Elle ne réagit pas. Il regarde sa main qui est partie toute seule. Sylvie marche jusqu'à la baie vitrée, calmement, pensive, regarde la nuit.

SYLVIE. Il pleut.

BRUNO *(atterré par son geste)*. Excusez-moi.

SYLVIE. Ce n'est pas de votre faute ; ça fera du bien aux fleurs. Qu'est-ce que vous avez planté, aujourd'hui ?

BRUNO *(très perturbé)*. J'avais jamais giflé une femme.

SYLVIE. Vous ferez mieux la prochaine fois.

BRUNO. Des chrysanthèmes japonais.

SYLVIE. Ça va être joyeux.

BRUNO *(soupirant).* Bien sûr qu'elle couche avec son patron. Mais vous comprenez, si de nous deux y en a pas un qui tient vraiment à notre couple, on est foutus. Alors je fais celui qui voit pas. Je me raconte des histoires. Je mets au point des suicides.

SYLVIE. Quand je vous ai rencontré, j'avais essayé de me tuer, moi aussi.

BRUNO *(spontané).* C'est génial ! *(Se reprenant, avec une gravité polie.)* J'veux dire : c'est pas vrai ?

SYLVIE. Enfin... J'avais rempli le verre.

BRUNO. Du poison ? Oh non, le poison c'est pas bon : ça fait mal, c'est pas spectaculaire, et neuf fois sur dix on vous fait un lavage d'estomac et c'est fini. C'est nul. Enfin c'est pas grave. C'est l'intention qui compte. *(Avec sympathie.)* Vous avez vraiment voulu mourir ?

SYLVIE. Je crois, oui.

BRUNO *(vrai).* C'est chouette, hein ? J'veux dire : le moment où on a pris la décision. C'est les moments les plus heureux de ma vie. On regarde tous ces connards, on se dit qu'ils ont fini de nous emmerder, et ceux qu'on aime, on se dit qu'ils ne savent pas qu'ils nous voient pour la dernière fois, alors on les plaint, on les comprend, on leur pardonne. On se sent... J'sais pas, on se sent vraiment grand, quoi.

SYLVIE. Vous trouvez?

BRUNO. Vous, évidemment, c'est pas pareil, vous avez une vie brillante. Vous avez du succès, vous avez du talent... Les gens vous regardent. Vous comptez pour eux. Moi, pour que j'existe, il faut que je décide de mourir. *(Elle le regarde fixement.)* Qu'est-ce que j'ai?

SYLVIE. Rien. Je note. Dans ma tête.

Il la fait rasseoir, lui ressert du champagne.

BRUNO *(ému).* C'est gentil. Ça me touche beaucoup.

SYLVIE. Je n'ai jamais compté pour personne, Bruno. On a commencé à me regarder quand on m'a vue à la télé. C'est tout.

BRUNO. C'est déjà ça. Non?

SYLVIE. Sexuellement, oui. J'ai eu tous les types que je voulais, pendant trois mois — enfin, j'en ai voulu deux, et encore... c'étaient des lecteurs, et puis ce n'était pas vraiment du désir, c'était du service après-vente...

BRUNO. Je suis pas jaloux.

SYLVIE. Le désir, le vrai désir, c'était d'être seule sur mon papier, à créer un homme qui ne voulait pas encore de moi. Essayer de le séduire en l'inventant. Je suis une vraie amoureuse, Bruno. C'est pour ça que j'ai gagné trois fois le Paris-Dakar. La concentration.

BRUNO. Bon, ben, je finis la bouteille.

> *Il remplit son verre, boit d'un trait. Elle marche à travers la pièce, s'arrête devant la sculpture de femme.*

SYLVIE. La chose que je pardonnerai jamais à ma mère, c'est de m'avoir écrit, après toutes ces années, parce que j'étais devenue « quelqu'un ».

BRUNO. Vous savez à quoi je suis en train de penser, là ?

SYLVIE *(se retournant vers lui, légère)*. Oui. *(L'imitant.)* « Elle commence à me gonfler, avec ses problèmes de célébrité. Mon press-book, à moi, ça sera quoi ? Trois p'tites annonces :

86

je suis né, je suis marié, je suis mort. Mais d'façon j'm'en fous : j'aurai personne pour me découper dans l'journal. » *(Lui déposant quelque chose dans la main.)* Cadeau.

BRUNO. Qu'est-ce que c'est ?

Il regarde le préservatif emballé dans sa main.

SYLVIE. Finalement, j'en avais un. Oh, c'est le préservatif à un franc… Je n'ai pas fait dans la série limitée arôme framboise.

BRUNO. Mais alors… vous m'avez laissé sortir pour rien… Pour le plaisir de m'envoyer dans la nuit…

SYLVIE. Vous aviez tellement envie de téléphoner à Christine. Je vous ai fourni un prétexte.

BRUNO *(regardant le préservatif dans sa main).* J'arrive pas à savoir si vous êtes une vraie tordue ou une vraie gentille.

SYLVIE. Vous cherchez la date limite de fraîcheur ?

BRUNO *(abaissant sa main, confus).* Pardon.

SYLVIE *(amusée).* Ce n'est pas un restant de

Pascal, non. Je l'ai acheté à Paris, spécialement pour vous. Pour le plaisir de piquer un fard devant ma pharmacienne. J'aime bien me sentir ridicule, parfois, vous savez. Ça réchauffe.

BRUNO *(rouvrant sa main).* J'fais quoi... je l'garde?

SYLVIE. Par exemple. Ce sera un souvenir.

BRUNO *(l'empochant).* Merci. *(Sans transition.)* Bon, ben, on travaille, là?

SYLVIE. Oui. Nous sommes en train.

Il fait quelques pas dans la pièce, perturbé, se reprend.

BRUNO. J'sais plus où j'en étais.

SYLVIE. « J'aurai personne pour me découper dans l'journal. »

Il la regarde, gravement, acquiesce, va lui chercher un de ses stylos, le lui met dans la main. Puis il arpente la pièce, concentré, essayant de mettre de l'ordre dans ses idées.

SYLVIE. Capuchon.

Noces de sable

*Il vient lui retirer le capuchon de son stylo,
docile, sans y penser, reprend sa déambulation.*

BRUNO. Je vais vous raconter la première fois
où j'ai voulu mourir. Oh, c'était avant de
connaître Christine : ça n'a rien à voir avec les
déprimes que j'ai eues après. Je débutais. C'était
à quatorze ans et demi. *(Soudain.)* Vous ne mar-
quez pas ? Vous êtes sûre que vous allez tout
retenir ?

SYLVIE. J'ai une mémoire sélective.

BRUNO. Oui, mais justement : ce qui est
important pour vous, c'est peut-être pas ce qui
était important pour moi.

SYLVIE. Hé ! C'est *mon* livre.

BRUNO. C'est *mes* souvenirs !

SYLVIE. Mais c'est *mon* personnage !

BRUNO *(enchaînant, naturel)*. C'était une
rousse. Quarante ans. Mais vraiment rousse.
Pendant les vacances de Pâques, on cherchait
les œufs, c'était à l'intérieur parce qu'il pleu-
vait ; son fils était un copain, et comme il y
avait aussi les enfants de sa sœur qui étaient
tout petits, nous les grands on avait caché les

œufs dans les chambres, ils avaient des paniers et ils les ramassaient. Et quand les paniers étaient pleins...

SYLVIE. Ça ne brûle pas, votre quiche lorraine?

BRUNO. Ça dégèle. Bref, on replanquait les œufs qu'on avait déjà cachés. Pourquoi je vous raconte ça?

SYLVIE. Je crois qu'au départ, c'était une histoire d'amour.

BRUNO. Ah oui. Eh ben donc, de fil en aiguille, je me retrouve à planquer les œufs dans la chambre de sa mère... à mon copain... Me v'là sous le lit, dans son placard... les chemises de nuit, tout ça. Elle est rentrée, et on a... et on a croisé nos regards.

SYLVIE. Je crois vraiment que ça sent le brûlé.

BRUNO. Ça gratine. Elle s'est approchée, et elle m'a embrassé. C'était... *(Il cherche un adjectif, ébloui, renonce.)* J'abrège. On s'est donné rendez-vous, pour dans trois jours. Quand son fils, mon copain, serait au foot. Alors moi, vous pensez, pendant deux jours... Du délire! J'avais potassé tous les bouquins, je connaissais les caresses par cœur, le mode d'emploi, les zones machin, tout ça. Bref, le jour arrive : ça se présentait très bien, aucun problème, et puis tout à coup elle me dit : « Frappe ! » Je dis : « Pardon madame ? » Elle me dit : « Frappe-moi ! Cogne ! » Moi, quand on me dit… J'ai cogné trop fort, on a dû l'emmener à l'hosto. Une amie de ma mère, en plus : voyez l'histoire…

SYLVIE. C'est pas de la fumée qui sort de la cuisine ?

BRUNO. Si. Enfin bref : ma première nuit d'amour, ça s'est fini aux urgences. Trois points de suture.

SYLVIE. Vous l'avez revue ?

BRUNO. J'étais tellement amoureux d'elle, je me suis jeté dans la Boulle. Avec deux L. C'est une rivière. La Boulle. Qui passe à Maurièges. Ma ville natale, en Ardèche. Vous devriez noter.

SYLVIE. Et on vous a repêché ?

BRUNO. Trente centimètres d'eau, c'était pas vraiment la peine. Je me suis cassé deux jambes et un bras. Marie-Thérèse est venue me voir à l'hôpital. Évidemment, avec mes plâtres, je pouvais plus la cogner. Le charme était rompu, quoi.

SYLVIE. C'est une belle histoire.

BRUNO. Vous moquez pas. Vous changerez le nom, hein ? Dans le roman. Dites pas « Marie-Thérèse ». Si jamais elle tombe dessus. Elle est remariée, maintenant.

Elle le regarde en soupirant.

SYLVIE. Il faut que je vous dise une chose, monsieur Bornsen. C'est pas vraiment votre vie que je raconte dans le livre.

BRUNO. Oui, d'accord. Mais enfin, il faut bien nourrir le personnage, non ? Qu'il fasse vrai.

SYLVIE. Si vous ne me laissez pas inventer, ça ne fera pas vrai.

BRUNO. Mais si moi je sais que c'est faux !

SYLVIE. Je n'écris pas pour vous.

Il se tait, pensif.

BRUNO. C'est vrai. Pardon. Oubliez. Elle est ridicule, ma vie, hein ? Tout ce que j'ai su en tirer, c'est une histoire de gnons avec une vieille rousse dans les œufs de Pâques.

SYLVIE *(sincère)*. Je trouve ça beau, Bruno. Le glorieux, ça peut être sordide. Et le ridicule, ça peut être touchant.

BRUNO *(lucide)*. Vous aurez du boulot.

SYLVIE. Je mange un morceau et j'y retourne.

BRUNO *(soudain)*. La quiche !

> *Il court vers la cuisine. On l'entend commenter le désastre.*

BRUNO *(off, toussant sous la fumée)*. Oh la la ! Mais qu'est-ce que c'est que ce four ?

SYLVIE. C'est un mini-four à chaleur tournante. Ne me demandez pas ce que ça veut dire.

BRUNO *(off)*. Il cuit même au-dessus, dites donc. Venez voir les rideaux !

SYLVIE *(résignée)*. Eh ben mangeons les rideaux !

> *Bruno revient avec une autre bouteille de champagne.*

BRUNO. D'un autre côté, ces machins surgelés, je me demande si c'est pas cancérigène.

SYLVIE. Tout est cancérigène à part le tabac. On découvrira ça dans cinquante ans.

BRUNO. Vaut mieux que ça ait cramé. La p'tite sœur ?

Il s'apprête à déboucher la bouteille de champagne.

SYLVIE. Non. J'ai faim. Vous me faites les escargots ?

BRUNO. Je les ai jetés à midi. Ils avaient une odeur.

SYLVIE. Bien. J'oublie quelque chose ?

BRUNO. Non.

SYLVIE. Regardez dans le placard.

BRUNO *(posant la bouteille sur la table)*. Y a des chips ouvertes et une boîte de cassoulet périmée.

SYLVIE *(héroïque)*. Allons-y !

BRUNO *(goguenard)*. Vous avez vu la date ?

SYLVIE. C'est marqué « A consommer avant »
ou « Best before » ? Si c'est « Best before », on
peut y aller.

BRUNO. C'est « Best before », mais c'est 82.

*Il s'assied à côté d'elle. Ils restent silencieux,
les bras ballants.*

SYLVIE *(rêveuse, pour elle-même)*. Je ne suis pas
revenue ici depuis... longtemps.

BRUNO. Vous comptez y mourir de faim ?

SYLVIE. Pascal n'y est jamais venu. C'est pour
ça que je vous ai emmené ici. C'est une mai-
son vierge.

BRUNO. Et vous arrivez à vous nourrir, à
Paris ?

Un temps.

SYLVIE. J'ai froid, tout à coup. Vous voulez
pas faire du feu ?

BRUNO. Non

SYLVIE. Ah. C'est réservé à Christine, ça
aussi ?

BRUNO. Y a un nid dans la cheminée. On va pas déranger...

SYLVIE. Ça fait des années qu'il est vide. Les oiseaux sont partis quand j'ai brûlé mes premiers brouillons.

BRUNO. Bravo.

SYLVIE. C'était Pascal, déjà... Pendant des mois j'avais construit son personnage. Et puis je l'ai rencontré, un jour, place Dauphine — exactement comme je l'avais imaginé.

BRUNO. Ça devait pas être marrant. Moi, Christine, elle a jamais arrêté de m'étonner.

SYLVIE. Parce qu'elle est conne.

BRUNO. Et alors ? Elle est plus heureuse que vous.

SYLVIE. J'ai adoré souffrir à travers lui. Découvrir que j'étais capable de souffrir, encore... Sans lui en vouloir... sans chercher à me protéger... Apprécier ses mensonges... Deviner ses maîtresses à partir d'un cheveu, d'une odeur... Et les glisser dans un livre comme si je me glissais dans leur lit...

BRUNO. Si vous m'invitiez au restaurant? Ça vous permettrait de me voir en situation avec d'autres gens... Le maître d'hôtel, une cliente qui passe, le sommelier... J'ai beaucoup d'humour avec les sommeliers, en général.

SYLVIE. Vous mettez des glaçons dans le bordeaux?

BRUNO. Ça ferait un changement de décor.

SYLVIE *(distraite)*. Non merci. C'est un huis clos, ce livre. Tout se passe dans cette maison. J'y pense depuis trois ans.

BRUNO. On peut tremper les bougies dans le champagne, ça fera des boudoirs.

Elle le regarde, sans avoir écouté.

BRUNO. Non, je disais ça pour vous couper la parole. Dès que vous pensez à la maison, vous pensez à...

SYLVIE *(continuant pour elle-même)*. Je voulais en finir avec mon enfance, avec mon père...

BRUNO *(montrant qu'il a raison)*. Voilà!

SYLVIE. ... grâce à la présence de Pascal. A son regard sur tout ça.

BRUNO. Il me fatigue, ce Pascal.

SYLVIE. Il n'a jamais voulu venir. Il connaissait déjà cette Albigeoise.

BRUNO. Cette?

SYLVIE. Une habitante d'Albi. La femme qu'il a épousée l'an dernier. Elle a une maison à l'île de Ré.

BRUNO *(sombre)*. Tout le monde est au bord de la mer, dans cette histoire. Vous verriez la villa du Cap-d'Antibes...

SYLVIE *(se dressant soudain, avec gaieté)*. Si on se baignait?

BRUNO *(sombre)*. Il fait nuit.

SYLVIE. Y a des étoiles.

BRUNO. J'ai pas de maillot.

SYLVIE. On fera connaissance.

BRUNO. Après dîner? Vous voulez qu'on s'hydrocute?

SYLVIE. On a mangé quelque chose?

BRUNO. Non, mais l'estomac s'est quand

même mis en route. C'est une horloge. Et comme on a le ventre vide, on va couler encore mieux.

SYLVIE *(avec un geste magnanime)*. Eh bien coulons! Plutôt que de faire suicide à part.

BRUNO. Et le roman?

Sylvie a marché jusqu'à sa table.

SYLVIE *(lucide)*. Le roman. Je veux pas vous faire de peine, monsieur Bornsen... mais comment voulez-vous que je tombe amoureuse de vous? Lisez-le, le roman. *Notre* roman... On n'y croit pas une minute. Je vais rendre l'avance que m'a donnée mon éditeur, et je vais accepter un reportage pour *VSD*. On n'écrit pas sur commande, monsieur Bornsen, ou alors des conneries.

BRUNO *(atterré)*. Mais...

SYLVIE. J'ai voulu faire un pari absurde avec moi-même, et j'ai perdu. Voilà.

BRUNO *(blême)*. Oui, mais... moi.

SYLVIE. Vous.

BRUNO. J'veux dire : et moi? Et mon... et mon contrat?

SYLVIE. Vous serez payé.

BRUNO. C'est pas ça! Et mon... *(Sincère, pitoyable.)* Et mon livre? Vous me le devez. Je l'attends, moi, maintenant.

SYLVIE. Sincèrement, Bruno Bornsen. Vous croyez que c'est une raison suffisante pour m'attacher à ma table quinze heures par jour?

Il la regarde, bizarrement.

BRUNO *(il en convient).* Non.

SYLVIE. Bon.

Sortant de sa poche une paire de menottes, Bruno attache brusquement le poignet gauche de Sylvie à une des baguettes-charnières qui relient le plateau aux pieds de la table pliante. D'abord interloquée, elle le regarde faire, comme si c'était un jeu.

SYLVIE *(pensive).* Évidemment, ça aide. Où vous avez trouvé ça?

BRUNO. Chez Intermarché, au rayon jouets. Mais vous pouvez tirer dessus : c'est du solide. *Made in* Corée du Nord ; ils s'y connaissent. *(Un temps.)* C'était un antivol pour ma brouette.

100

SYLVIE. Je suis sûre qu'il y a des femmes qui aiment ça.

BRUNO. Dix pages par jour, à raison de vingt-huit jours, ça fait deux cent quatre-vingts pages au 31 mai. Ça suffira, non ?

SYLVIE *(moqueuse, attendrie)*. Vous êtes fou...

BRUNO *(net)*. Oui, je suis fou. Personne s'est jamais intéressé à moi, avant vous. Je veux pas que vous me lâchiez en route, comme les autres. Faut aller jusqu'au bout.

SYLVIE *(souriant)*. Vous êtes gentil. Mais, avec la meilleure volonté du monde, je crois que je ne sais plus écrire. Même avec des menottes.

BRUNO *(calme et déterminé)*. Vous allez réapprendre.

Elle le regarde. Elle commence à être moins sûre de lui.

SYLVIE. Bornsen, arrêtez. Vous me faites peur.

BRUNO. S'il faut vous faire peur pour vous faire écrire, eh ben d'accord : vous aurez peur. Soyez tranquille.

SYLVIE *(blême)*. Détachez-moi.

BRUNO *(doucement).* Détendez-vous.

SYLVIE *(criant).* Bornsen, je ne rigole plus! Enlevez-moi ça! Dépêchez-vous!

BRUNO *(lui tendant son stylo, avec douceur).* Racontez-moi. Allez. Racontez ce qui se passe, là, en ce moment. Je vais vous dire ce qui manquait, dans votre livre. C'est une intrigue. C'est pour ça que ça venait pas. Maintenant vous l'avez, l'intrigue. Y a plus qu'à l'écrire!

SYLVIE. Mais vous êtes un malade!

Elle jette son stylo qui se brise.

BRUNO *(serein).* C'est pas grave, j'en ai quarante-trois. J'ai acheté tous ceux que j'ai trouvés. Cassez-en deux ou trois, d'accord, pour vous passer les nerfs, mais après je vous cogne.

SYLVIE. Hein?

BRUNO. Si vous cassez, je vous cogne. C'est comme ça qu'elle écrivait, vot'collègue, là, Mme Colette, avec son mari M'sieur Willy. J'ai lu leur histoire, dans *Maisons et Jardins.* Il la bouclait dans sa chambre pour qu'elle fasse ses trente pages, et quand il la relâchait, elle allait

s'occuper de ses roses. Des sevillana exception-
nelles. Je vous montrerai les photos.

SYLVIE. Bornsen. Il y a des voisins. Les gens
vont venir, s'ils ne me voient pas.

BRUNO. Ils ne vous voient jamais. Personne
sait qui vous êtes, au village. J'ai demandé. Y a
plus que deux ou trois vieux qui se rappellent
votre père, le type bizarre avec une Chevro-
let, qui récupérait la ferraille à la décharge pour
faire des soudures, et qui s'est fait sauter la tête
à coups de chevrotines, un dimanche.

SYLVIE. Bornsen. Je vous en supplie.

BRUNO. Vous me l'avez pas dit, ça. Vous en
parlez pas, dans vos livres. Je les ai achetés en
poche, tous les quatre, chez Intermarché. Je les
ai lus, cette nuit. Je vais vous dire, madame
Janin : votre problème, c'est que vous avez usé
votre talent pour un mec minable, ce Pascal,
un truqueur, un escroc, un type content de lui
qui vous faisait le genre mystère. Jamais là,
jamais un mot, jamais « je t'aime », il tirait son
coup et il retournait plaider. Et pourquoi ça
marche si fort, sa clientèle ? Parce que tout le
monde l'a reconnu, dans vos livres. Et
comment il vous remercie ? Il se tire avec une

Albigeoise. Moi, jamais je vous quitterai. Jusqu'au 31 mai. Et vous allez l'écrire, votre livre. Votre vrai grand livre. Sur un vrai paumé, un vrai minable, un vrai pauv' type !

SYLVIE *(rogue).* Vous.

BRUNO *(plus doucement).* Un être humain. *(Gentil.)* Je vous demande juste d'essayer. De me faire vivre sur vot'papier. *(Désarmé.)* J'sais plus quoi inventer pour vous faire écrire. Mais je vous ai pas menti, moi. Je vous aime, madame Janin. Pas comme j'aime Christine. Vous, je veux que vous me donniez tout. Sans que je me serve. Vous comprenez ? C'est pas pour moi. C'est pour vous, pour vos lecteurs... Simplement, je me dis que ça *doit* se faire avec moi. Je le sens, qu'est-ce que je le sens, putain... J'ai qu'à vous regarder. Et j'y crois. *(Il sort de sa poche un autre stylo, le lui tend, suppliant.)* Alors écrivez. Racontez ce qui se passe dans ma tête. Y a que vous qui pouvez.

Elle prend le stylo, sans quitter Bruno des yeux.

BRUNO. Vous voulez bien dire « je », madame Janin ? En parlant de moi. Comme vous faisiez avec Pascal. Je sais que vous pouvez vous promener dans ma tête, et en faire quelque chose de bien, quelque chose de beau, que moi je serai jamais capable de faire tout seul. *(Il va vers la cuisine. Elle le suit du regard.)* Je vais vous faire du café.

SYLVIE *(le rattrapant, suivie par la table)*. Mais regardez-moi, bordel de merde! Je suis complètement cassée, je suis plus qu'une vitrine, j'arrive plus à m'exprimer, à me cacher, à faire vivre quelqu'un d'autre sur le papier, j'arrive plus! J'ai eu envie de vous pendant cinq minutes hier soir, c'est passé tout seul et ça n'a rien laissé, même pas une phrase!

BRUNO. Ça va revenir.

SYLVIE. Qu'est-ce qui va revenir? Je suis pas un écrivain : je suis une photo dans *Match* qui a intéressé un éditeur, c'est tout! J'ai rapporté du pognon avec mon accident, ma solitude, les saloperies de l'homme que j'aime... J'ai cru que j'avais du talent; je n'avais que des loisirs. Une vie complètement vide qui ne sert à rien ni à personne... Vingt ans de rallyes autour de la terre, et un stylo dans la main à la place du volant depuis que j'ai la colonne vertébrale en crêpe dentelle, c'est tout!

BRUNO. C'est fini. Maintenant vous avez un but. Vous êtes amoureuse de moi parce que j'ai besoin de vous.

SYLVIE. C'est ça. Vous êtes passé aussi au rayon psychologie, à Intermarché? Pauvre type. Je peux aimer que les gens qui me refusent. Ma mère s'est tirée aux Philippines quand j'avais douze ans, avec un spécialiste des fonds marins, pour aller étudier la disparition des algues! Toutes les bouteilles vides, j'en faisais des enveloppes que je lui mettais à la mer pour qu'elle revienne...

BRUNO. On s'égare, là...

SYLVIE. A quatorze ans, j'ai trouvé le corps de mon père. Devant la statue de maman, l'hymne à l'absence, le chef-d'œuvre de sa vie! Vous savez ce qu'il m'avait laissé, comme mot d'adieu? «J'ai fini.» Personne a jamais voulu rester avec moi, personne a jamais trouvé que je valais la peine...

BRUNO. Si : moi.

SYLVIE. Mais non. Vous êtes amoureux de vous-même dans le désir d'une femme, comme tous les hommes, c'est tout : vous parlez, vous expliquez, vous justifiez, vous vous branlez sur vos souvenirs et c'est moi qui ramasse! Qu'est-ce que vous attendez de moi, Bornsen? Que j'écrive deux cents pages de plaidoirie pour en faire cadeau à une fille qui ne les lira jamais?

BRUNO. Oui.

Elle le regarde, souffle court, désarçonnée par sa franchise, sa détermination sereine.

BRUNO. Ce qui compte, c'est de les écrire. Moi je fais pas pousser des fleurs pour qu'on les cueille.

Il va dans la cuisine. Elle l'entend qui s'affaire, prépare du café. Elle va jusqu'à la porte d'entrée, se glisse à l'extérieur. La table pliante, trop grande, se coince dans le chambranle. Sylvie tire de toutes ses forces sur les menottes, n'arrive pas à faire sortir la table.

BRUNO *(revenant)*. A votre place, je me sauverais par la mer. Ça flotte.

Elle éclate en sanglots, prisonnière. Il tire d'un coup sec sur la table, la dégageant du chambranle.

BRUNO. Pleurez pas, Sylvie. Vous êtes pas prisonnière.

Elle soulève la table, la jette contre lui. Il s'écarte, elle tombe en avant, entraînée par les menottes.

BRUNO *(la contemplant sur le sol)*. Si vous le voulez, vous pouvez très bien vous libérer. Il suffit de casser la charnière. Mais est-ce que vous le voulez? Est-ce que vous voulez casser votre bureau d'écrivain qui a vu passer tous ces romans?

SYLVIE *(retrouvant son calme)*. Pourquoi vous me faites ça? C'est votre manière de me faire l'amour?

BRUNO. C'est pas votre corps que je veux, c'est mon livre.

Elle le regarde, longuement, mâchoires serrées. Il soutient son regard.

SYLVIE. Si j'écris trente pages cette nuit, vous me délivrez?

BRUNO. Si elles sont bonnes.

SYLVIE. *(l'air dur)*. On parie?

BRUNO *(détendu)*. On parie.

Sylvie se relève, redresse sa table, se rassied et se met à écrire. Bruno la contemple, heureux, ému.

BRUNO. Je sais pas si je l'ai dit, madame Janin. Mais j'ai énormément d'admiration pour votre style. Avec un vrai sujet, vous allez faire un malheur.

NOIR. Le bruit des vagues.

Le matin. Soleil. Le carré de sable est devenu un mini-désert planté de palmiers nains.

Sylvie dort à sa table, la tête à côté de ses feuilles.

Bruno, dans la cuisine, prépare le petit déjeuner. Il chante.

Sylvie s'éveille d'un coup en l'entendant. Sidérée, elle découvre où elle est, les menottes la reliant toujours à sa table. Bruno apparaît, l'air lumineux, portant un somptueux plateau de brunch.

BRUNO. Bonjour, madame Janin. Bien dormi ? Il est midi. *(Il dépose le plateau sur la table de la salle à manger, vient ôter les menottes à Sylvie.*

Il lui désigne ses feuilles.) J'ai lu. Je trouve ça génial.

SYLVIE *(encore engluée de sommeil).* Merci.

BRUNO. Non, vraiment. C'est tout à fait moi.

SYLVIE *(massant son poignet endolori par les menottes.)* Vous dites ça pour me faire plaisir.

BRUNO. Pas du tout. Je vous le dirais, si j'avais des critiques. Mais là... Et j'ai lu quatre fois, hein ! Sans me vanter... *(Il vient prendre amoureusement les feuilles, tandis que Sylvie marche vers le plateau de brunch.)* C'est exactement comme ça que je parle.

SYLVIE. Et il est content.

BRUNO *(reposant délicatement les feuilles).* Mangez pendant que c'est chaud. Vous aimez les...? *(Il s'interrompt en la voyant dévorer ses galettes de pommes de terre.)* Vous aimez. Tant mieux. Je suis retourné faire les courses. On a de quoi tenir jusqu'au 31.

> *Elle enfourne encore trois bouchées, affamée, et se rue sur Bruno.*

SYLVIE *(violente).* Maintenant tu vas arrêter ta

comédie, p'tit connard! Tu vas me foutre le camp et je te rappelle que j'ai ton nom, ton adresse, et que je peux très bien t'envoyer les flics chez toi à Paris! Alors casse-toi! Et vite!

Il la regarde, amusé, puis lui désigne son manuscrit.

BRUNO. Sans vouloir vous vexer, je préfère quand vous me faites parler. C'est quand même mieux écrit.

Elle le pousse vers la porte, il résiste calmement.

SYLVIE. Mais casse-toi, je te dis, casse-toi!

Il n'a pas bougé. Elle s'effondre dans ses bras en pleurant. Il lui caresse les cheveux, gentil.

BRUNO. Allez... allez... C'est fini. Vous tenez un bouquin formidable.

SYLVIE *(reniflant).* J'ai pas écrit comme ça depuis trois ans.

BRUNO. Je sais. La célébrité, c'est normal... ça déglingue. Surtout quand on l'a eue trop vite. On vous la fait payer. C'est comme moi, quand j'étais Jardinier d'Or. Les jalousies, les calculs... On vous monte en épingle au début, quand vous le méritez pas, et puis quand vous êtes devenu le meilleur, on vous casse.

SYLVIE *(angoissée)*. Vous croyez vraiment que c'est bon? Que ça peut tenir la route?

BRUNO. Je suis sûr. Des millions de gens vont s'identifier à moi. En trente pages, vous avez déjà tout compris.

SYLVIE *(souriant malgré elle)*. Et j'ai pas encore raconté les œufs de Pâques.

BRUNO. Je suis fier de vous, Sylvie. Et c'est pas prétentieux, ce que je vous dis. Je suis fier que vous m'ayez choisi.

SYLVIE *(scrupuleuse, professionnelle avant tout)*. La scène avec la mère, sur la tombe du père... c'est pas trop mélo?

BRUNO. Ça s'est exactement passé comme ça. Sauf qu'elle avait un manteau bleu, mais bon. C'est pas grave.

SYLVIE *(un peu interloquée)*. Elle vous a fait ça...? Elle vous a vraiment fait ça?

113

BRUNO. Comme dans le livre. «Regarde-le écrit, le nom de ton père. Cette fois, tu peux être sûr que tu le porteras jamais.»

SYLVIE. C'est dégueulasse.

BRUNO. Non, c'était une pauvre femme. Je sais pas comment vous avez deviné qu'elle m'avait dit ça. Vous avez des bâtards, dans vos amis?

SYLVIE. J'ai pas d'amis.

BRUNO. Alors, chapeau!

Sylvie s'anime, elle parle «métier».

SYLVIE. C'est pour ça que je vous disais, avec les œufs de Pâques et la femme qui aimait les coups : faut pas trop m'en dire. Parce que j'invente à partir de rien, moi... d'un regard, d'un silence, d'une façon d'appuyer sur un mot... Et si j'ai trop de matériel, je suis prison-nière du... *(Elle s'interrompt, le regarde. D'une autre voix.)* C'est complètement irréel, là, ce qu'on est en train de vivre.

BRUNO. Je sais pas. Moi c'est la première fois.

SYLVIE *(découvrant les palmiers, dehors).* Mais... c'est super !

BRUNO. J'ai planté pendant que vous dormiez. Chacun son œuvre. Je me suis dit que ça irait bien dans le décor. Et puis... tant qu'à faire un jardin qui de toute façon finirait ensablé au premier coup de vent, j'ai fait directement un désert. Les palmiers sont petits, comme ça on croit qu'ils sont loin. On se dit : « Tiens, une oasis ! »

SYLVIE. Et puis c'est un mirage.

BRUNO *(sortant des miniatures de sa poche).* Voici la caravane des Bédouins, les chars américains et la maison de l'émir.

Il laisse tomber les petits sujets, les tanks et la mini-tente sur les feuilles de Sylvie.

SYLVIE *(très émue).* Merci.

BRUNO *(continuant à vider ses poches).* Une Range Rover pour vous... Une Méhari pour moi.

Elle l'embrasse sur la bouche. Il lui rend son baiser, puis regarde les feuilles.

115

BRUNO. J'ai écrasé des mots, non?

SYLVIE. Vous m'auriez frappée, hier soir, si j'avais cassé les quarante-trois stylos?

BRUNO. Non.

SYLVIE. Pourquoi?

BRUNO. Vous les auriez pas cassés. Je vous ai donné ce que vous cherchez depuis des mois. Une raison d'écrire.

SYLVIE *(se détachant de lui)*. Ce n'est pas la violence, Bornsen. Jamais je n'ai eu peur de vous. Je peux vous éclater d'un coup de latte et vous paralyser en deux secondes. Je suis ceinture noire de judo.

BRUNO *(souriant)*. C'était pour faire plaisir à votre père?

SYLVIE *(souriant)*. C'est moi qui devine, Bornsen. C'est pas vous. Je suis l'écrivain, vous êtes le personnage. On n'inverse pas les rôles.

BRUNO. On continue?

SYLVIE. Vous le voulez vraiment?

BRUNO *(heureux)*. Moi je suis sous contrat. C'est sans problème.

SYLVIE *(se rasseyant à sa table)*. Allez me faire couler un bain. J'ai deux-trois idées pour la suite. Je vous préviens : vous allez déguster.

BRUNO *(rempochant ses jouets)*. J'ai pas peur. Je suis pas là pour être ménagé.

SYLVIE. Vous avez été heureux, au service militaire ?

BRUNO *(un peu gêné, sans le montrer)*. Oui, euh... c'était sympa.

SYLVIE. Non. Vous lirez. Vous allez en chier, mon vieux. Hop ! Le bain !

BRUNO *(au garde-à-vous)*. Avec mousse, chef ?

SYLVIE. Avec mousse !

BRUNO. A vos ordres ! *(Il exécute un demi-tour réglementaire, puis se retourne vers elle.)* J'aurais pu être heureux, aussi... J'aurais pu me faire des copains... *(Timide.)* Non ?

SYLVIE *(écrivant)*. Non. Vous n'avez jamais eu de copains, à part votre chien. Vous mettiez des boules Quiès la nuit dans votre chambrée

117

pour oublier les autres, et vous écriviez des lettres d'amour à Christine dans les chiottes. L'adjudant se foutait de votre gueule et le peloton chantait «Il-est-pédé-le-jardinier». Je me trompe?

BRUNO. Pas vraiment. *(Timidement.)* Mais j'étais bon au tir...

SYLVIE. On s'en fout.

Il hoche la tête et sort. Elle relit, corrige, fébrile. On entend l'eau.

SYLVIE. Et si...? Oui. Ça peut se finir comme ça. *(Notant sur une autre feuille.)* Et lentement il branche le... *(Bruit de sèche-cheveux dans la salle de bains. Elle se dresse soudain, affolée, criant.)* Non! Bruno!

Il surgit en courant, tenant le sèche-cheveux qui s'est débranché pendant sa course. Il la dévisage, cherchant l'origine de son cri. Elle le regarde, décomposée, soulagée.

BRUNO. Qu'est-ce qui se passe?

SYLVIE *(montrant ses pages)*. Rien, je... je prenais des notes, pour la fin. Mais ce n'est pas une bonne idée.

118

BRUNO. Ah bon. *(Il montre le sèche-cheveux qu'il tient, pour expliquer.)* J'ai inondé en ouvrant l'eau, parce que ça coulait par la douche, alors je donnais un coup de sèche-cheveux par terre, pour ne pas que vous glissiez.

SYLVIE *(encore sous le coup de la peur)*. Il y a des éponges, Bruno. Les sèche-cheveux dans l'eau, c'est réservé aux suicides.

BRUNO. Je sais. Mais je... j'exorcise. C'est comme ça qu'on dit?

SYLVIE. C'est comme ça qu'on dit. Mais on ne le fait plus. Promis?

Elle déchire sa page de notes.

BRUNO *(ému)*. Vous tenez un peu à moi, madame Janin?

SYLVIE *(pudique, regagnant ses feuilles)*. Je m'habitue au personnage.

Il s'approche, lui embrasse la main qui tient le stylo.

BRUNO. Je me ferai tout petit, vous savez. Au signal, je retourne dans ma niche, ou je fais le beau, ou je m'enterre dans le sable. Comme vous voudrez.

Elle reprend sa main pour écrire.

SYLVIE. Allez arrêter l'eau. Ça doit être plein.

BRUNO *(la regardant écrire)*. C'est fou ce que ça vous rend belle, l'écriture. Vous n'êtes plus la même femme. Je me sens... Je me sens...

SYLVIE *(se retournant, agacée)*. Bon. Vous n'allez pas me sauter entre deux pages, non?

BRUNO. Oh non! Ça... J'aurais trop peur de vous couper l'inspiration.

SYLVIE *(écrivant)*. Ça déborde.

BRUNO. Vous voulez déjeuner à quelle heure?

SYLVIE. En plus le ballon d'eau chaude est minuscule et vous me refroidissez le bain!

BRUNO. Ça vous gêne, que j'essaie de lire par-dessus votre épaule?

SYLVIE. Oui.

BRUNO. Pardon. Je vais retourner m'occuper du désert. *(Il s'approche de la baie.)* Je me demande si je vais pas ajouter un p'tit puits de pétrole. Ça fera plus réaliste.

Il sort, pensif, dispose dans le sable la tente de l'émir, les tanks et les Bédouins, tandis qu'elle aligne les mots à la file, sur son élan, absorbée. Chacun est dans son monde. Il rentre, fronce les sourcils en regardant vers le couloir.

BRUNO. Tiens, le bain qui vient à vot'rencontre.

Il disparaît dans la salle de bains. Elle a continué à écrire, sans écouter.

SYLVIE *(distraitement, après un temps).* Il a débordé?

BRUNO *(off).* Ça fait rien. Il était froid.

Elle ne réagit pas. Elle n'a pas entendu. La lumière change, sur elle. Tandis qu'elle écrit, on voit revenir Bruno — le Bruno du rêve, le Bruno du livre, dans une lumière irréelle. Élégant, précis, un peu froid. Il parle avec les mots de Sylvie, qu'elle est en train d'écrire.

BRUNO. Je la regarde et je sais que je suis le seul. Le seul qui peut lui rendre son père. Ce père en rouge et bronze, peint au minium ou couvert...

Sa phrase s'arrête tandis que Sylvie relève la tête, cherchant un mot. Elle le trouve et reprend sa phrase.

BRUNO... de paillettes de cuivre. Ce père-enfant avec ses chandails boutonnés par des élastiques et sa vieille Chevrolet qui ferme avec des ficelles. Ce père qui voulait un garçon et qui est resté seul à élever... *(Sylvie barre le mot.)* à voir grandir une fille. Ce père sans femme et sans argent, entouré de sculptures de femmes qui après sa mort vaudront tellement d'argent. Que c'est con, la vie, Sylvie. Mais je suis là. Je suis là pour te parler, toi qui n'arrives plus à écrire. Je me glisse en toi, avec mes petits moyens, mes petits malheurs, ma grande confiance. Je suis tellement cassé, et toi aussi, qu'à nous deux on a peut-être les pièces qui manquent.

VOIX OFF DU « BRUNO » DE LA RÉALITÉ *(dans la salle de bains).* Si vous voulez plus de votre bain, ça serait sympa de me l'dire, pour que j'en profite avant qu'il gèle.

NOIR sur le « Bruno » du livre, qui disparaît.

122

Sylvie continue à écrire, sans répondre, absor-
bée. Puis, épuisée par la concentration, elle pose
son stylo et file vers la salle de bains.

SYLVIE *(fort, à Bruno)*. J'arrive !

Aussitôt, bruit de Bruno entrant dans le bain.

BRUNO *(off)*. Trop tard.

SYLVIE *(déboutonnant sa chemise)*. Tant pis.

Elle disparaît dans le couloir, vers la salle de
bains.
NOIR. *Le bruit des vagues et la musique.*

La nuit. Le décor n'est éclairé que par la lueur de la lune, sur la baie vitrée.

VOIX DE SYLVIE *(dans la salle de bains).* Oui... Oui... Oui... Oui !

VOIX DE BRUNO *(très sobre).* Non.

Il entre dans le salon, allume une lampe. Il porte un peignoir de bain, vieux mais de belle qualité, avec un R cousu sur la poitrine. Il va fumer une cigarette en regardant le « désert », où il a installé des puits de pétrole miniatures. Sylvie le rejoint, après un petit temps, rhabillée.

SYLVIE. Pourquoi ?

BRUNO *(nerveux)*. Parce que! Vous ne faites pas l'amour avec moi! Vous êtes hors sujet! Dès que je vous touche, vous pensez à l'autre! A ce Pascal de merde!

SYLVIE. Mais non, je... j'essayais de...

BRUNO. De retrouver des choses! Et moi je veux pas! Je suis pas un souvenir! Je suis un brouillon!

> *Elle se détourne, va prendre une cigarette. Il la rattrape, l'empoigne.*

BRUNO. Vous êtes toujours amoureuse de lui. Dites le contraire!

SYLVIE. Donnez-moi du feu.

BRUNO. Je sais bien que je vous plais pas. J'ai l'habitude.

SYLVIE. Ça ne veut rien dire, la beauté.

BRUNO. Non, mais ça aide.

SYLVIE. Il n'était pas mieux que vous, Pascal.

BRUNO *(fort)*. Écoutez-moi, Sylvie Janin. Je veux plus le voir, ce Pascal! On a réussi à l'évacuer du livre, et il revient dès qu'on essaie de faire l'amour. Alors on n'essaie plus de faire l'amour! OK? Je penserai à vous, vous penserez à moi; je serai dans le désert, et vous dans le livre. Et on se touchera pas avant que vous ayez fini. Chiche?

SYLVIE. Moi, ça va, mais c'est pour vous. Si je mets dix ans...

BRUNO *(enflammé)*. Ça, c'est un vrai sujet! Un vrai livre d'amour! *(Lui serrant les bras, véhément.)* Sylvie! On était au bord de se planter, là! De passer à côté du chef-d'œuvre! Faut pas vivre, et puis raconter; faut imaginer, et puis se dire que ce qu'on a réussi à créer, on le vivra!

SYLVIE *(se dégageant pour écraser sa cigarette)*. On parie?

BRUNO. On écrit! *(S'éloignant d'elle.)* Vous sentez, le poids de mon corps sur vous?

SYLVIE *(fermant les yeux, dépitée)*. Oui.

BRUNO. Vous sentez ce que je vous fais, comment je m'y prends, et à quoi je pense?

SYLVIE *(les yeux fermés)*. Je crois.

BRUNO *(lui montrant sa table).* Alors, allez-y. C'est ça, notre scène d'amour.

Il marche vers son désert. Elle se rassied à sa table, tristement.

BRUNO *(se retournant vers elle).* Robert ?

SYLVIE. Je vous demande pardon ?

BRUNO. Ou Roger, plutôt. *(Montrant l'initiale cousue sur son peignoir.)* Vot' père. Attendez... me dites rien, je vais trouver. *(Il cherche le prénom en reniflant, les yeux fermés, d'une manière presque amoureuse, le vieux peignoir dans lequel il se pelotonne.)* Raoul... Raymond ? Rodolphe !

SYLVIE. Ramada.

BRUNO *(surpris).* Ramada ? C'est de quelle origine, ça ?

SYLVIE. Hôtel Ramada.

Il la regarde, dérouté, un peu déçu de son ton indifférent.

BRUNO. Je vais m'occuper de mon sable. *(Se retournant avant de sortir, la regardant.)* Madame Janin. Je crois que j'ai jamais bien fait

l'amour à Christine. Vous avez pas idée...
comme un homme, il se sent seul, quand il
arrive pas... avec la femme qu'il aime. Dites-
le. Dites-le dans le livre. Vengez-moi. S'il vous
plaît.

*Sylvie n'a pas bougé, le regard droit devant
elle, dans le vide. Un petit temps.*

SYLVIE *(sans le regarder)*. Bruno. Vous avez
encore envie de mourir?

BRUNO *(sincère)*. Non. Et vous?

SYLVIE *(montrant ses feuilles, simplement)*.
Qu'est-ce que je fais d'autre?

Il sourit, croyant à une boutade.

BRUNO. Vous me ferez une fin optimiste,
quand même?

SYLVIE. J'essaierai.

*Rassuré, il sort dans son désert. Couché dans
le sable, il joue avec ses tanks et ses Bédouins.
Dans le bruit des vagues, la lumière passe de
la nuit au jour, du jour à la nuit... Sylvie écrit,
tourne les pages et Bruno joue toujours. Un
autre jour, une autre nuit... Elle écrit, de plus*

128

en plus absorbée, de plus en plus «facilement»...
Bruno s'est endormi dans son sable.

Lorsque la fuite du temps redevient normale,
Sylvie glisse son manuscrit dans une chemise
cartonnée qu'elle referme.

Elle se lève, comme une somnambule, replie
sa table d'écrivain, donne une caresse à la sta-
tue de femme, et sort dans le désert. Elle
contourne Bruno avec un dernier regard,
enjambe les Bédouins, disparaît vers la mer.

Le soleil monte. Bruno s'éveille, s'étire, regarde
vers l'intérieur. Il se dresse soudain en ne voyant
pas Sylvie.

BRUNO. Sylvie? Sylvie!

Il la cherche, un peu inquiet, dans la cuisine,
la salle de bains, revient dans le salon. Il
regarde la table d'écrivain repliée.

BRUNO. Sylvie?

Il tombe en arrêt devant la chemise carton-
née. Fébrile, il la prend, l'ouvre, regarde la der-
nière page.

BRUNO *(éberlué, ravi).* Elle a fini! C'est pas
vrai? Page trois cent! Et c'est bon, ça : un chif-
fre rond! Qu'est-ce que je suis content!

Il hésite, regarde autour de lui, et se plonge dans la lecture de la dernière page.

BRUNO *(lisant)*. « Il est onze heures et demie. L'heure où son père venait l'attendre à l'école de Clerville. Elle rebouche son stylo, et elle quitte la maison. Elle traverse le désert, contournant mon corps, enjambant mes Bédouins. Elle continue jusqu'à la mer où elle entre, sans ralentir. Elle sait qu'au même moment, au-dessus de son manuscrit, je relève les yeux, et je la cherche dans les vagues… » *(Il relève les yeux, angoissé soudain, regarde vers la mer. Il hésite. Il termine sa lecture.)* « Elle pense "Non, Bruno", elle me supplie dans sa tête de ne pas chercher à la sauver, et moi je reste là. Tout ce que je voulais d'elle, c'était son livre. »

Lentement, atterré, il repose le manuscrit sur la table. Puis il se rue dans le désert.

BRUNO *(criant)*. Sylvie ! Sylvie ! *(Il court dans le sable, vers la mer, disparaît. On n'entend plus que ses cris et le bruit des vagues où il cherche Sylvie.)* Sylvie ! Arrêtez ! Revenez ! Je vous ferai l'amour ! Je vous aime ! C'est vous que j'aime ! C'est fini, avec Christine, y a plus que vous, y a plus que vous ! Sylvie ! Je vous ferai l'amour, comme si c'était la première fois! Je vous le jure! Sylviiie!

Pendant ce temps Sylvie est revenue par une autre entrée, avec une bougie allumée qu'elle place dans la main de la statue. Près de la flamme, elle dispose le gros chalumeau, relié à une bouteille de gaz, dont son père se servait pour ses sculptures. Elle jette un dernier regard vers la mer où Bruno la cherche en s'égosillant.

VOIX DE BRUNO *(dans la mer).* Revenez! Sylvie!

Elle ouvre la bouteille de gaz, ramasse vivement son manuscrit et sa table d'écrivain, s'en va.

Sifflement du gaz. Voix de Bruno qui fouille toujours la mer. Bruit de la voiture qui s'éloigne.

NOIR soudain. La maison explose.

DU MÊME AUTEUR

ROMANS

AUX ÉDITIONS ALBIN MICHEL
Un objet en souffrance, 1991
Cheyenne, 1993
Un aller simple, 1994
prix Goncourt

AUX ÉDITIONS DU SEUIL
Vingt ans et des poussières, 1982
prix Del Duca
Poisson d'amour, 1984
prix Roger-Nimier
Les Vacances du fantôme, 1986
prix Gutenberg du Livre
L'Orange amère, 1988

THÉÂTRE
L'Astronome
Actes Sud/Papiers, 1983,
prix du Théâtre de l'Académie française
Le Nègre
Actes Sud/Papiers, 1986

*La composition de cet ouvrage
a été réalisée par Charente Photogravure,
l'impression et le brochage ont été effectués
sur presse CAMERON dans les ateliers de B.C.I.,
à Saint-Amand-Montrond (Cher),
pour le compte des Éditions Albin Michel.*

*Achevé d'imprimer en février 1995
N° d'édition : 14379. N° d'impression : 1/443
Dépôt légal : mars 1995.*